U0564881

国学经典

人物志译注

鹿群 译注

上海三联书店

目录

卷　下

前 言

《人物志》是一部系统品鉴人物才性的杂家著作，也是一部研究魏晋学术思想的重要参考书。全书共三卷十二篇，三国魏刘劭所作，北魏人刘昞曾为之作注。

所谓“知人论世”，若想了解本书的内容、思想主旨，就必须要对此书的作者有一定认识。《人物志》的作者刘劭，字孔才，魏朝广平邯郸（今位于河北省邯郸市）人，生于汉灵帝建宁年间，卒于魏齐王正始年间。汉献帝时入仕，初为广平吏，历官太子舍人、秘书郎等。魏朝之后，曾担任尚书郎、散骑侍郎、陈留太守等。后曾受爵“关内侯”，死后则追赠光禄勋。刘劭学问广博，饱览群书，曾经执经讲学。编有类书《皇览》,参与制定《新律》。著有《乐论》《许都赋》《洛都赋》等,著作多已亡佚。目前仅见《人物志》《赵都赋》《上都官考课疏》三部。

刘劭在《人物志》中讲述的是识别人才、量能用人的方法及对人性的剖析。刘劭在自序中是这样阐释撰写目的的："夫圣贤之所美，莫美乎聪明，聪明之所贵，莫贵乎知人，知人诚智，则众材得其序而庶绩之业兴矣。"这本书的成书背景是魏文帝曹丕接受陈群建议，用九品中正制选拔人才，为推行九品中正制提供理论上的依据，以推动这一制度的发展和完善。

刘劭在书中分别阐释了"五质""五常""五德""九征"等概念以及彼此间的关联。他指出以人的筋、骨、血、气、肌与金、木、水、火、土五行相应，而呈显弘毅、文理、贞固、勇敢、通微等特征。"五质"分别代表仁、义、礼、智、信"五常"，表现为"五德"。内在的才质与外在的征象有所联系，又可呈显为神、精、筋、骨、气、色、仪、容、言等，是为"九征"，这相当于所谓"气质"的层次。另外，按照不同的才能秉性，刘劭把人物分为"兼德""兼才""偏才"三类。按照才能的内容，有德、法、术三个方面，又可据此分为"十二家"，即清节家、法家、术家、国体、器能、臧否、伎俩、智意、文章、儒学、口辩、雄杰。他们的才能不同，适合担任的官职也不同。书中讲述的识鉴人才之术、量能用人之方及对人性的剖析，对于今天的人们，仍然颇具借鉴价值。清代名臣曾国藩曾将《人物志》放在案头，朝夕研读。如果说《论语》为处世之书，《孙子兵法》为征伐之书，《韩非子》为统治之书，那么《人物志》则当之无愧地称为识人之书！

本书以梁满仓中华书局版的《人物志》为底本，对《人物志》全文进行了较为浅显的注译。虽然作者在注译过程中参考了《人物志》的各种研究成果，力争做好这项工作，但限于水平和识见有限，错讹之处在所难免，恳请读者批评指正。如能给读者些许增益，则为作者意外之收获了。

鹿　群

2013 年 7 月

原　序

夫圣贤之所美，莫美乎聪明[①]；聪明之所贵，莫贵乎知人。知人诚智[②]，则众材得其序[③]，而庶绩之业兴矣[④]。是以圣人著爻象[⑤]，则立君子小人之辞[⑥]；叙诗志，则别风俗雅正之业；制礼乐，则考六艺祗庸之德[⑦]；躬南面[⑧]，则援俊逸辅相之材。皆所以达众善而成天功也[⑨]。

注释

①莫：没有。

②诚：实在，的确。

③序：按次第排列。

④庶绩：多种功绩。庶，多。

⑤爻 yáo 象：八卦上表示的形象，这里代指八卦。

⑥君子：有道德的人或者有权势的人。小人：无道德的人或者老百姓。

⑦六艺：指礼、乐、射、御、书、数六种科目，是中国古代儒家要求学生掌握的六种基本才能。祗 zhī 庸：恭敬与中庸。祗，敬。庸，有常。

⑧躬南面：指庄严端正地坐在朝堂上。南面，古代以坐北朝南为尊位，故天子、诸侯见群臣，或卿大夫见僚属，皆面南而坐。帝位面朝南，故代称帝位。

⑨达：实现。

译文

圣贤最让人们尊崇的地方，没有超过聪明的了；而聪明最宝贵的地方，没有超过知人这一能力的了。如果的确有知人的智慧，那么就能将许多人才依照其特点次第排列，（衡量他们的能力授给他们职位），从而让事功大业得以兴旺发达。因此，圣人撰述八卦，就能区别君子小人的差异；叙说《诗》的意旨，就能区别社会文化风俗和雅正这两种形态；制作礼乐，就能考究六艺和恭敬与中庸的品德；端坐朝廷，就能选拔杰出的人才辅助国政。这些都是为了实现众善，成就人的天赋啊。

天功既成，则并受名誉。是以尧以克明俊德为称[①]，舜以登庸二八为功[②]，汤以拔有莘之贤为名[③]，文王以举渭滨之叟为贵[④]。由此论之，圣人兴德，孰不劳聪明于求人[⑤]，获安逸于任使者哉！

注释

①尧：传说中的上古帝王，号陶唐氏，名放勋，史称唐尧。克明俊德：能明了俊德之士而任用之。克，能够。《尚书·尧典》有："克明俊德，以亲九族"之句。

②舜：传说中的上古帝王，号有虞氏，名重华，史

称虞舜。二八：八元、八恺的合称。八元、八恺是古代传说中的贤才，共十六人。

③汤：商朝的建立者，又称成汤等。有莘 shēn 之贤：即伊伊。伊尹趁成汤与有莘氏女结婚的机会，以奴隶身份陪嫁到成汤身边，后因才能被发现而担任宰相。

④文王：姓姬，名昌，又称为伯昌，是商朝晚期周族首领。渭滨之叟：指吕尚。吕尚是一位高人，在渭河边隐居，周文王打猎时与他相遇，立吕尚为师。

⑤孰：谁，哪个。

译文

人的天赋成就了，那么美名与荣誉就随之而来。因此，尧因为能明了并任用俊德之士而被人称道，舜因为提拔任用贤能之人而成就大业，成汤因为任用有莘氏的奴隶而成名，周文王因为举荐渭河边钓鱼的吕尚而被人尊崇。从这些来看，圣人之所以美德兴盛，哪一个不是用自己的聪明才智发现人才，在任用人才后而享受安逸的呢？

是故仲尼不试，无所援升，犹序门人[①]，以为四科[②]；泛论众材，以辨三等[③]；又叹中庸，以殊圣人之德；尚德，以劝庶几之论[④]；训六蔽[⑤]，以戒偏材之失；思狂狷[6]，以通拘抗之材；疾悾悾而无信[7]，以明为似之难保。又曰，察其所安，观其所由[8]，以知居止之行。人物之察也，如此其详。是以敢依圣训志序人物，庶以补缀遗忘，惟博识君子裁览其义焉。

注释

①犹：尚且，还。

②四科：指德行、言语、政事、文学四种科目。孔子曾经用四科列举弟子的长处。《论语·先进》："德行：闵子骞，冉伯牛，仲弓。言语：宰我，子贡。政事：冉有，季路。文学：子游，子夏。"

③三等：指生知、学知、困学而知三种。生知，指我们身上只需要经过启发和打磨就可以显现出来的美德和智慧，是与生俱来的。学知，指通过学习和所见所闻而得到的知识。困学而知，指遇到困难和问题时，通过学习而得到的知识。

④庶几：指好学、可以成材的人。庶，将近，差不多。几，引申为神妙之意。

⑤六蔽：又作"六弊"，指因不好学而造成的愚、荡、贼、绞、乱、狂六种弊端。

⑥狂狷：狂，指有很强的进取心，但实际能力不足。狷，指老实本分，洁身自好，不肯同流合污。

⑦悾 kōng 悾：诚恳的样子。

⑧察其所安，观其所由：指识人的两个方法。意思是：了解他的心情，安于什么，不安于什么，观察他

为达到目的所采用的方法。

译文

因此孔子在不任官职、用不着推荐人才时，尚且把他的弟子区分为德行、言语、政事、文学四种科目，分别列出他们的长处；广泛地分析人才，把人分为生而知之者、学而知之者、困而学之者三个等级；又感叹中庸品德的人少有，来凸显圣人品德的特殊；赞美高尚的品德来劝说好学且能成才的人上进；列出因不学而造成的六种弊端，用来警诫偏才的不足；提出狂狷之人可用，使进取心强却能力不足之人和老实本分、洁身自好之人都能发挥自己的长处；痛恨外貌诚恳而实际没有信用的人，用来说明伪装难以长久；又提出察其所安、观其所由的识人方法，用来了解人们的行为。人物的观察，是这么详细啊。因此，我冒昧地依照圣人的教诲，按次序记述人物，来弥补遗忘和疏漏，希望有学问的君子来浏览本书所记述的意义吧。

卷上

九征第一

盖人物之本[①]，出乎情性[②]。情性之理[③]，甚微而玄[④]，非圣人之察，其孰能究之哉[⑤]！凡有血气者，莫不含元一以为质[⑥]，禀阴阳以立性[⑦]，体五行而著形[⑧]。苟有形质[⑨]，犹可即而求之。

注释

①盖：虚词，这里有“凡是”的意思。本：人最根本的资质。

②情性：性情和思想。

③理：事物的规律、道理。

④玄：奇特，玄妙。

⑤其：语气词，无意义。孰：谁。究：弄明白。

⑥元一：事物的本来状态，这里指人的本质。

⑦禀：承受，生成的。

⑧体：根据。五行：金木水火土五种元素。形：指人的形体。

⑨苟：如果，只要。

译文

人最根本的资质是通过性情和思想表现出来的。关于性情和思想的规律，是十分玄妙的，如果不是古代圣贤的考察，谁能够探究清楚呢！凡是有血气的物体，没有不包含本来状态的性质的，他们继承阴阳而形成个性，根据金木水火土五种元素来成就形体。只要是有形体、有气血的物体，就可以依据形体来探求他们的本质。

凡人之质量①，中和最贵矣②。中和之质，必平淡无味，故能调成五材③，变化应节④。是故观人察质，必先察其平淡，而后求其聪明。聪明者阴阳之精，阴阳清和则中睿外明⑤，圣人淳耀⑥，能兼二美。知微知章⑦，自非圣人莫能两遂。故明白之士⑧，达动之机而暗于玄虑⑨；玄虑之人，识静之原而困于速捷，犹火日外照不能内见，金水内映不能外光。二者之义，盖阴阳之别也。若量其材质，稽诸五物⑩，五物之征亦各著于厥体矣。

注释

①质量：资质，器量。

②中和：中正平和，是儒家中庸之道的主要内涵。

③五材：指勇、智、仁、信、忠五种德行。

④应节：应合节拍，指适应社会。

⑤中睿外明：内心睿智，外表敏锐。睿，睿智。明，敏锐。

⑥淳耀：光明，光耀。

⑦章：显著。

⑧明白：聪明，懂道理。

⑨玄虑：深思熟虑。玄，深。

⑩稽：查核。五物：指金、木、水、火、土五种元素。

译文

人的资质器量中，中正平和是最珍贵的。中正平和这种素质，定然是平淡无味的，正因为平淡无味才能调和出勇、智、仁、信、忠五种德行，并不断变化来适应社会。因此，观察一个人、考察他的素质，必然先要考察他是否有平淡无味的素质，然后再寻求他的聪明。聪明是阴阳二气相结合的精华，阴阳清和会让人内心睿智、外表敏锐，圣人光彩耀人，兼具睿智敏锐两种美德。既能明察细微又能够把握宏观，除了圣人，没有人能同时做到这两点。所以反应敏锐的人，能抓住机会却无法做到深思熟虑；深思熟虑的人，能静思事物起源却不擅长迅速行动，正如火焰和太阳的光芒能照耀万物却不能照出自身的形象，金属和水面能映射出外物但无法放出光芒。两者的本质，就在于阴阳的区别。如果评价人的才能、资质，对照金木水火土五种元素考察，那么五种元素的特质也就明显地存在于他的身上。

其在体也，木骨、金筋、火气、土肌、水血五物之象也[①]。五物之实，各有所济[②]，是故骨植而柔者谓之弘毅[③]，弘毅也者，仁之质也。气清而朗者，谓之文理[④]，文理也者，礼之本也。体端而实者，谓之贞固[5]，贞固也者，信之基也。筋劲而精者，谓之勇敢，勇敢也者，义之决也[6]。色平而畅者，谓之通微[7]，通微也者，智之原也。五质恒性，故谓之五常矣[8]。

注释

①象：现象。

②济：有益，成。

③植：直。弘毅：宽宏坚毅，抱负远大。

④文理：礼仪。

⑤贞固：守持正道，坚定不移。

⑥决：此处有果断的意思。

⑦通微：知晓细微的事物。

⑧五常：五种恒久不变的东西。

译文

对于人体来说，骨骼与木、筋腱与金、气息与火、肌肉与土、血脉与水都是相对应的物象。金木水火土五种物质所对应的物象，各自有成就人品格的作用，所以骨骼挺拔又柔韧的人，有远大抱负、坚强意志，这是“仁”的资质。气息清纯明朗的人，可以称为有礼，礼仪是“礼”的根本。身体端正而坚实的人，守持正道、坚定不移，这是“信”的基础。筋腱强而精干的人称为勇敢，勇敢是“义”的前提。血色平和通畅的人通晓事物、洞察细微，这是“智”的源头。外界的五种元素和人体的五种物质具有恒久不变的特性，所以被称为“五常”。

五常之别，列为五德[1]。是故温直而扰毅[2]，木之德也。刚塞而弘毅[3]，金之德也。愿恭而理敬[4]，水之德也。宽栗而柔立[5]，土之德也。简畅而明砭[6]，火之德也。虽体变无穷，犹依乎五质。

注释

①五德：五种品德。

②温直：温和正直。扰毅：和顺坚毅。

③刚塞：刚健笃实。

④愿恭：恭谨。理敬：有治理之才，又谨慎恭敬。

⑤宽栗：宽厚庄重。柔立：指以温和的品性立身处世。

⑥简畅：爽直畅快。明砭：明事理且善劝谏。

译文

依据五常的区分，可以列出五种品德。因此，温和正直、和顺坚毅是“木”的品德，刚健笃实、宽宏坚毅是“金”的品德。有治理之才又恭敬谨慎是“水”的品德。宽厚庄重、以温和品性立身处世是“土”的品德。爽直畅快且明事理、善劝谏是“火”的品德。虽然人的品德性情变化多样，但仍然是以金木水火土五物的品质为依据。

故其刚柔明畅贞固之征著乎形容[1]，见乎声色[2]，发乎情味，各如其象。故心质亮直[3]，其仪劲固；心质休决④，其仪劲猛；心质平理⑤，其仪安闲。夫仪动成容，各有态度：直容之动⑥，矫矫行行⑦；休容之动⑧，业业跄跄⑨；德容之动，颙颙卬卬⑩。

注释

①形容：形体和容貌。

②见：同“现”，表现。

③亮直：诚实正直。

④休决：美善而刚毅。

⑤平理：平和而有条理。

⑥直容：正直的仪容。

⑦矫矫行行：英勇威武或超凡脱俗，不同凡响。矫矫，勇武的样子。

⑧休容：和善的仪容。

⑨业业跄跄：小心谨慎。业业，危惧的样子。跄跄，形容走路有节奏的样子。

⑩颙 yóng 颙卬 áng 卬：肃穆庄重，气宇轩昂。颙颙，肃穆的样子。卬卬，轩昂的样子。

译文

所以刚柔明畅等内在本质都有显著的外部反映，这些从声音神色能显现出来，从性情趣味能够散发出来，各自与外在的表现一致。因此，内心的品质诚实正直，风度仪容就会坚毅刚强。内心品质美善而刚毅，风度仪容就会奋发勇猛。内心品质平和有条理，风度仪容就会闲适安逸。风度仪容的形成，各自有不同的姿态：正直的仪容表现出英勇威武的姿态，温和的仪容表现出小心谨慎的姿态，品德高尚的仪容表现出肃穆庄重、气宇轩昂的姿态。

夫容之动作发乎心气[①]，心气之征，则声变是也。夫气合成声，声应律吕[②]。有和平之声，有清畅之声，有回衍之声[③]。夫声畅于气则实存貌色，故诚仁必有温柔之色，诚勇必有矜奋之色[④]，诚智必有明达之色。夫色见于貌所谓征神[⑤]，征神见貌则情发于目，故仁目之精[⑥]，悫然以端[⑦]；勇胆之精，晔然以强[⑧]。然皆偏至之材，以胜体为质者也，故胜质不精则其事不遂。是故直而不柔则木，劲而不精则力，固而不端则愚，气而不清则越，畅而不平则荡。是故中庸之质，异于此类。五常既备，包以澹味[⑨]。五质内充，五精外章[⑩]，是以目彩五晖之光也[⑪]。故曰物生有形，形有神精。能知精神，则穷理尽性。

注释

①动作：动弹，活动。

②律吕：十二律的别称，是古代校正乐律的器具。

③回衍：回旋延展。

④矜奋：武勇，果敢。

⑤征神：神态、表情等反映人的内心世界。

⑥精：通“睛”，眼神。
⑦悫 què 然：诚实谨慎的样子。
⑧晔 yè 然：光明灿烂的样子。
⑨澹 dàn 味：平淡，无味。
⑩五精：仁、义、礼、智、信五种精神品质。
⑪五晖：五彩的光辉。

译文

人外在的表现是由内部的心气发出的，是心气的体现，也是声音的变化。心气与声音相结合，声音也可以应和十二律。有温和平缓之声，有流畅清纯之声，有回旋延展之声。声音在气息中流畅，而其本质体现在容貌上，所以真正的仁爱必定呈现出温柔的神色，真正的勇敢必定呈现出勇武果敢的神色，真正的智慧必定呈现出明澈的神色。容貌呈现的这些神色就是人们所说的征神。征神呈现在容貌上，神情则从眼神中表现出来，因此，闪耀着仁慈目光的眼睛，是诚实谨慎的；显现勇气胆量的眼睛，是光明灿烂的。可是这些都是偏才，是通过形体反映内在本质的任务，完美的内质如果不能得到精准的反映，那么事情也不能如愿。因此，耿直而不柔和就会表现为质朴木讷，刚劲而不精干就会表现为倔强，固执而不端正就会表现为愚蠢，心气不纯净则会飘荡四散，声音流畅而不平和就会飘扬消逝。所以中正平庸的资质，是与上面所说不同的。仁义礼智信五常已经具备，外部用平淡包装。五常的资质充实内在，五种精神体现外在，所以目光神情会散发五彩的光辉。所以说万物生来就有形体，形体有精神。如果能够了解精神，就能够把道理和性情研究到家。

性之所尽，九质之征也[①]。然则平陂之质在于神[②]，明暗之实在于精[③]，勇怯之势在于筋，强弱之植在于骨[④]，躁静之决在于气，惨怿之情在于色[⑤]，衰正之形在于仪，态度之动在于容[⑥]，缓急之状在于言。其为人也，质素平淡，中睿外朗，筋劲植固，声清色怿，仪正容直，则九征皆至，则纯粹之德也。

注释

①九质：指神、精、筋、骨、气、色、仪、容、言。
②陂 bì：倾斜不平。
③精：通“情”，感情。
④植：这里是木柱的意思。
⑤惨怿 yì：悲惨和欢喜。怿，欢喜。
⑥态度：这里指神情举止。

译文

人的全部性情，有神、精、筋、骨、气、色、仪、容、言九种表现。平正与歪斜的本质存在于精神，聪慧与愚蠢的本质存在于感情，勇敢与懦弱的势态存在于筋腱，强弱的支柱存在于骨架，暴躁与平静存在于气息，悲伤与喜悦的情绪存在于脸色，衰败与端正的形态存在于仪表，举止神情的活动存在于形貌，缓和与急切的状态存在于言语。一个人内在纯洁淡泊，内心聪慧，外表清朗，筋腱强固，声音清纯，神色喜悦，仪态端庄，容貌中正，这九种性情全都具备了，道德就完美了。

九征有违则偏杂之材也。三度不同[①]，其德异称。故偏至之材，以材自名；兼材之人，以德为目；兼德之人，更为美号[②]。是故兼德而至，谓之中庸。中庸也者，圣人之目也。具体而微[③]，谓之德行。德行也者，大雅之称也。一至谓之偏材[④]，偏材，小雅之质也[⑤]。一征谓之依似[⑥]，依似，乱德之类也。一至一违谓之间杂[⑦]，间杂，无恒之人也[⑧]。无恒依似，皆风人末流[⑨]。末流之质，不可胜论，是以略而不概也[⑩]。

注释

①三度：指偏才、兼才、兼德三种人才德才比例的不同程度。

②更为美号：以抽象的“美”来称之。

③具体而微：指各种品德都大致具备，但发展程度不高。

④一至：又称小善，在某一方面的才能比较完善，即所谓的偏才。

⑤质：相当。

⑥一征：九征中的其中一种。依似：似是而非。

⑦间杂：指某些方面有才，某些方面无德。

⑧无恒：指无长久的品德。

⑨风人：指古代采集民歌、风俗的官员，此处代指人才。

⑩概：概括。

译文

与九征相违背的叫作偏杂之才。偏才、兼才、兼德三种人德才比例的程度不同，对他们德行的称呼也不同。偏才以某一方面的才能命名；兼才之人以他所具有的品德作为称呼；兼德之人以抽象的“美”来称呼。因此，兼具所有品德而达到极高程度，就叫作中庸。中庸是对圣人的称呼。大体上各种品德都具备，但发展程度不高，称为德行。有德行的人称为大雅。在某一方面才能比较完善称为偏才，偏才相当于小雅。具备九征中的其中一征叫作依似，依似是属于德行紊乱一类。只在某些方面有才而在另一些方面无德叫作间杂，间杂是指无长久品德的人。德行紊乱和无长久品德的人属于风人中的末流。末流之人的品质，没办法把它说完，所以将其省去，不予概括。

体别第二

夫中庸之德，其质无名。故咸而不碱[①]，淡而不醴[②]，质而不缦[③]，文而不缋[④]；能威能怀[⑤]，能辩能讷[⑥]；变化无方，以达为节[⑦]。

注释

①碱 jiǎn：碱土，含盐分的土。

②醴 kuì：同“馈”，没味道。

③缦 màn：指没有彩色花纹的丝织品。

④缋 huì：色彩鲜明，这里指彩色花纹的图案。

⑤威：表现出让人敬畏的气魄。怀：安抚。

⑥讷 nè：语言迟钝。

⑦节：省减，限制。

译文

中庸这种道德，实质没有确定名称。所以说它咸却没有碱土的苦，说它淡却有味道，说它质朴无华却不是没有花纹装饰，说它有花纹装饰却又不是五彩花纹的图案。能够表现出让人敬畏的气魄，能够安抚人，能言善辩，也能够木讷无言，变化多端，以通晓事物为节限。

是以抗者过之[①]，而拘者不逮[②]。夫拘抗违中[③]，故善有所章[④]，而理有所失。是故厉直刚毅，材在矫正，失在激讦[⑤]。柔顺安恕，每在宽容[⑥]，失在少决。雄悍杰健，任在胆烈[⑦]，失在多忌。精良畏慎，善在恭谨，失在多疑。强楷坚劲[⑧]，用在桢干[⑨]，失在专固[⑩]。论辩理绎[⑪]，能在释结，失在流宕。普博周给，弘在覆裕[⑫]，失在混浊。清介廉洁，节在俭固，失在拘扃[⑬]。休动磊落，业在攀跻[⑭]，失在疏越[⑮]。沉静机密，精在玄微，失在迟缓。朴露径尽，质在中诚，失在不微[⑯]。多智韬情[⑰]，权在谲略[⑱]，失在依违。及其进德之日不止，揆中庸以戒其材之拘抗[⑲]，而指人之所短以益其失，犹晋楚带剑递相诡反也[⑳]。

注释

①抗者：指进取的人。

②拘者：拘谨不争的人。不逮：比不上，不及。

③中：指中庸之道。

④章：通“彰”，彰显，彰明。

⑤激讦 jié：激烈地揭发别人的隐私或攻击别人的短处。

⑥每：贪图。

⑦任：才能。

⑧楷 jiē：刚直。

⑨桢干：古代筑墙时用的木柱。这里比喻骨干人员。

⑩专固：固执。

⑪理绎 yì：阐述，分析。

⑫覆：覆盖。裕：丰富，宽绰。

⑬扃扃 jiōng：关上门闩。扃，门闩。

⑭攀跻：攀登。

⑮疏越：疏散。

⑯微：隐藏。

⑰韬 tāo：隐藏，隐蔽。

⑱权：变通，不依常规。

⑲揆 kuí：揣测。

⑳诡 guǐ：违反。

译文

因此进取的人是过分了，而拘谨不争的人是达不到。进取和拘谨的人都违背了中庸之道，所以他们有明显的优点，也有情理之中的过失。所以刚正不阿的人的才能是纠正偏错，过失是激烈地攻击别人的不足之处。柔顺宽容的人，宽宏谦忍，失误是缺少决断。雄健强悍的人，才干是勇敢刚烈，失误在于多疑猜忌。刚毅坚强的人是骨干和支柱，过失是专制顽固。能够论疑辩难、善于分析之人的才能是善于解答疑惑，过失是散漫不定。有广泛交际、能与多人相处之人，宽宏之处是能广泛容纳大众，不足是好坏不分。清正廉洁的人操守是简朴不奢，不足在于自闭拘谨。行为光明磊落的人，功业在于攀登向上，不足在于疏忽。深沉少话有心计的人，精明之处在于玄远微妙，不足在于迟疑缓慢。质朴之情显露的人，其秉性忠诚，不善隐藏是他的不足。足智多谋、隐藏性情的人，其灵活在于狡猾有谋略，不足之处是犹豫不决。等他们认为才德增进之日，便可揣度中庸之道，以避免自己才干偏向极端，但若是一味指责别人的短处，却会增加他的失误，这正像晋人和楚人因为佩带宝剑的习惯不同，而互相嘲笑对方把剑带反了一样。

是故强毅之人，狠刚不和。不戒其强之搪突[1]，而以顺为挠[2]，厉其抗[3]。是故可以立法[4]，难以入微[5]。柔顺之人，缓心宽断，不戒其事之不摄[6]，而以抗为刿[7]，安其舒。是故可与循常，难与权疑。雄悍之人，气奋勇决，不戒其勇之毁跌，而以顺为恇[8]，竭其势。是故可与涉难[9]，难与居约。惧慎之人，畏患多忌，不戒其懦于为义，而以勇为狎[10]，增其疑。是故可与保全，难与立节。凌楷之人[11]，秉意劲特，不戒其情之固护，而以辨为伪[12]，强其专。是故可以持正，难与附众。辩博之人，论理赡给。不戒其辞之泛滥，而以楷为系[13]，遂其流。是故可与泛序[14]，难与立约。弘普之人，意爱周洽[15]。不戒其交之溷杂，而以介为狷，广其浊。是故可以抚众，难与厉俗。狷介之人，砭清激浊。不戒其道之隘狭，而以普为秽，益其拘。是故可与守节，难以变通。休动之人，志慕超越。不戒其意之大猥[16]，而以静为滞，果其锐。是故可以进趋，难与持后。沉静之人，道思回复。不戒其静之迟后，而以动为疏，美其懦[17]。是故可与深虑，难与捷速。朴露之人，中疑实。不戒其实之野直，而以谲为诞，露其诚。是故可与立信，难与消息[18]。韬谲之人，原度取容。不戒其术之离正，而以尽为愚[19]，贵其虚。是故可与赞善，难与矫违。

注释

①搪突：冒犯，抵触。

②挠：弯曲，比喻屈服。

③厉：凶猛。

④以：用，拿。

⑤微：小，细小，细微。

⑥摄：巩固。

⑦刿 guì：通“昧”，愚昧。

⑧恇 kuāng：惊恐，惧怕。

⑨与：给。

⑩狎 xiá：亲近但态度不庄重。

⑪凌楷：严峻正直。

⑫辨：通“变”。

⑬楷：典范。

⑭序：议论。

⑮周洽：普遍。

⑯大猥 wěi：太强烈。大，“太”的古字。

⑰美：以……为美。

⑱消息：变化。

⑲尽：达到极端，竭力做到。这里指诚恳尽力。

译文

因此刚正之人，严厉刚狠。他不求竭力戒除其严厉带给他人的冒犯，反而将温顺视为软弱屈服，使自己的进取心更加强烈。所以可以用这样的人执法，建立法律的权威，很难让他做细致的工作。温顺待人的人，性情平和，处事宽松。他不求改掉不稳固的缺点，反而把进取当作愚昧，安心于舒适安稳。所以可以让这样的人遵循常规办事，难以让他决定疑难的事情。健壮强悍的人，勇敢而果断。他不求解除激愤勇猛可能带来失败的不足，反而将顺势应时当作胆怯，将可能带来挫折的逞强发挥得淋漓尽致。所以可以让这种人经历磨难，却很难让他受限制。谨小慎微的人，恐惧且多忌讳。他不求除去害怕行义的不足，而把勇敢看作对人的轻视，从而疑虑之心更重。所以这种人可以自保，却很难立名。典型的正直之人，坚持自己意志的个性非常强烈。他不求除掉情志固执难变通的不足，反而把变化看作虚伪做作，从而进一步巩固固执不变的性格。所以他执意坚持自己认为正确的东西，却不容易得到众人的附和。善于言语、知识渊博的人，理论充足。他不力求除掉言论无顾忌的不足，反而把规矩看作束缚，顺从放任飘散的心志。所以可以让这种人泛泛地议论事情，不容易让他约束自己。交际广泛能与多人相处的人，普遍地有仁爱之心。他不力求除去人际混杂的不足，反而把耿直当作狂狷，从而进一步将自己好坏不辨的毛病扩大化。所以可以让他安抚众人，不能让他激励社会风尚。清正廉洁的人，针砭世事的清浊。他不力求除去处世狭隘的不足，反而把普世大众当作秽物，从而更加保守。所以可以让这种人坚守节操，很难让他变通。行为光明的人，敬慕高远的志向。他不力求除掉自我意志强烈的不足，反而把沉稳当作是板滞，从而更加急于求成。所以可以让这种人作为前进者，很难让他处理善后。深沉安稳的人，做事要反复考虑其中的道理。他不力求除去滞后迟慢的不足，反而把积极的活动当作疏忽，把怯懦当作美德。所以可以让这种人深入考虑事情，不容易让他迅速做出行动。质朴率直的人，会把心中的疑虑表现出来。他不力求除去诚实而带来无拘束的不足，反而把狡猾看作荒诞，进一步袒露自己的真诚。所以可以和这种人讲信义，但不容易让他随机应变。足智多谋掩藏真情的人，会揣度别人的想法讨好对方。他不力求除去处事偏离正轨的缺点，反而把诚恳当作愚昧，更加重视虚伪。可以让这种人赞美好的事物，却很难让他杜绝违规邪恶的事物。

夫学，所以成材也。恕[1]，所以推情也。偏材之性，不可移转矣。虽教之以学，材成而随之以失。虽训之以恕，推情各从其心。信者逆信[2]，诈者逆诈，故学不入道[3]，恕不周物，此偏材之益失也[4]。

注释

①恕：以自己的心推想别人的心。

②逆：迎接，接受。

③道：途径，方向。

④益：增加。

译文

学习，是能够成才的原因。恕，是用自己的心推想别人心思的方法。偏才的心性不能够转移变通。虽然以学习教育他，也会随着他学成而在实践中产生失误。虽然教导他对人宽恕，他也会用自己固有的心态推想不同的人。如若他自己讲信用，就认为人们都会讲信用，如若他自己奸诈，就认为人们都是虚伪狡诈的，因此其学习不能掌握真正的规律，推己及人时又不能符合被推想人的真正想法，这就更增加了偏才之人的错误。

流业第三

盖人流之业十有二焉[①]：有清节家[②]，有法家[③]，有术家[④]，有国体[⑤]，有器能[⑥]，有臧否[⑦]，有伎俩[⑧]，有智意[⑨]，有文章[⑩]，有儒学，有口辩，有雄杰[⑪]。

注释

①业：事业，功业。

②清节：清操，高洁的节操。

③法家：先秦时期的一个思想流派，主张法治，反对儒家提出的礼治。代表人物有商鞅、韩非。

④术：方法。

⑤国体：有辅佐国君之能的大臣。

⑥器能：即才能。

⑦臧否pǐ：原意指善恶、得失。这里指才能仅次于国体的人。

⑧伎俩：技艺，本领。

⑨智意：智谋，权谋。

⑩文章：文笔优美、能写文章的人。

⑪雄杰：才智出众、有胆有谋之人。

译文

人们由志向而决定的功业有十二种：有节操高尚的

人，有主张法治的人，有善于奇谋妙策的人，有具备辅佐国君才能的人，有才干出众的人，有才能仅次于国体的人，有具备执行策略和技巧的人，有善于权变、机智灵活的人，有文笔灿烂的人，有传授儒学的人，有能言善辩的人，有才智出众、有胆有谋的人。

若夫德行高妙①，容止可法②，是谓清节之家，延陵、晏婴是也③。建法立制，强国富人，是谓法家，管仲、商鞅是也④。思通道化⑤，策谋奇妙，是谓术家，范蠡、张良是也⑥。兼有三材，三材皆备，其德足以厉风俗⑦，其法足以正天下，其术足以谋庙胜⑧，是谓国体，伊尹、吕望是也⑨。兼有三材，三材皆微，其德足以率一国⑩，其法足以正乡邑⑪，其术足以权事宜，是谓器能，子产、西门豹是也⑫。兼有三材之别，各有一流，清节之流，不能弘恕，好尚讥诃⑬，分别是非，是谓臧否，子夏之徒是也⑭。法家之流，不能创思远图，而能受一官之任，错意施巧⑮，是谓伎俩，张敞、赵广汉是也⑯。术家之流，不能创制垂则⑰，而能遭变用权，权智有余，公正不足，是谓智意，陈平、韩安国是也⑱。凡此八业，皆以三材为本。故虽波流分别，皆为轻事之材也⑲。能属文著述⑳，是谓文章，司马迁、班固是也㉑。能传圣人之业，而不能干事施政㉒，是谓儒学，毛公、贯公是也㉓。辩不入道而应对资给㉔，是谓口辩，乐毅、曹丘生是也[25]。胆力绝众[26]，才略过人，是谓骁雄，白起、韩信是也[27]。凡此十二材，皆人臣之任也，主德不预焉[28]。

注释

①若夫：至于。句首语气词，用在句首或段落的开始。

②容止：仪容举止。法：仿效。

③延陵：春秋时期吴王的小儿子季札。因被封于延陵，又称延陵季子。晏婴：春秋时期齐国大夫。

④管仲：春秋时期齐国著名的政治家、思想家。商鞅：战国时期政治家、改革家、思想家，法家的代表人物。

⑤思通道化：思想与客观规律相通。道化，指自然和社会规律的发展变化。

⑥范蠡：春秋末年政治家、军事家。张良：秦末汉初人，字子房，西汉的开国功臣。

⑦厉风俗：勉励好的社会风俗。

⑧谋庙胜：谋划朝堂预先制定的克敌谋略。

⑨伊尹：商汤大臣，相传生于伊水。吕望：周初的吕尚，文王出猎发现其才干，并提拔任用。

⑩率一国：成为一国的表率。

⑪正乡邑：纠正乡邑中的不良风气。

⑫子产：春秋时郑大夫公孙侨的字，又字子美。西门豹：战国时期魏国人，魏文侯时任邺县县令。据传说他为人性急。

⑬讥诃 hē：又为“讥呵”，讥责非难。

⑭子夏：春秋时期晋国卜商的字，是孔子的门生，“孔门十哲”之一。

⑮错意施巧：可以施展、实现自己意图的技巧。错，通“措”。

⑯张敞：字子高，西汉大臣。赵广汉：字子都，西汉人，一代名臣，执法不避权贵。

⑰垂则：垂示法则。

⑱陈平：西汉初期大臣。先投靠魏王咎，后投靠项羽，最后归入刘邦麾下。韩安国：字长孺，西汉时著名的政治家之一。

⑲轻事：轻易地就能完成分内之事。

⑳属 zhǔ 文：写文章。

㉑司马迁：字子长，西汉人，中国古代伟大的史学家、文学家、思想家，被后人尊称为“史圣”，创作了中国第一部纪传体通史《史记》。班固：字孟坚，东汉史学家、文学家，著有《汉书》。

㉒干事：原指办事情，这里指参与国事。

㉓毛公：指汉初传授《诗经》的学者毛亨。贯公：贯长卿，西汉学者，毛公诗派的传人。

㉔资给：天资聪明，言语便捷。

㉕乐 yuè 毅：字永霸，战国后期杰出的军事家。曹丘生：秦末汉初辩士。

㉖绝：越过，超过。

㉗白起：战国四将之一，是中国历史上自孙武、吴

起之后又一个杰出的军事家、统帅。韩信：汉初三杰之一。西汉开国功臣，淮阴人。曾先后为齐王、楚王，后贬为淮阴侯。为汉朝立下赫赫战功，但后来遭到汉高祖刘邦的疑忌，最后以谋反罪处死。

㉘主德：指善于使用各种人才的国君。

译文

至于德行高尚美好，仪容举止可以作为典范效法的人可以称为清节家，吴国延陵季子、齐国晏婴就是这样的人。建立法治，能使国家变强、人民富裕的人可以称为法家，齐国的管仲、秦国的商鞅就是这样的人。思想与客观规律变化相通，能谋划奇妙计策的人，可以称为术家，越国的范蠡、西汉的张良就是这样的人。德、法、术三种才干兼具且比较完备的人，品德足以勉励好的社会风气和习俗的建立，法律足以匡正天下的歪风邪气，谋术足以策划朝堂预定的克敌谋略，这样的人可以称为国体，商朝的伊尹、西周的吕尚就是这样的人。德、法、术三种才干兼具，但都比国体稍差的人，若其品德足以成为一国楷模，法律足以匡正基层社会，谋术足以应变各样的事物，这样的人可以称为器能，郑国的子产、魏国的西门豹就是这样的人。三种才干中有某两项，并且有自己的流派，在清节家流派中不能宽宏大量、爱讥笑责备别人的人，可以称为臧否，子夏等就是这样的人。在法家流派中，不能创新、建立长远规划，但是能胜任具体官职，着意施展技巧的人，可以称为伎俩，汉朝的张敞、赵广汉就是这样的人。在术家流派中，不能创立制度垂示法则，但是能够在情况有变的时候想出具体的应变策略，权变智谋有余、公正不足的人，可以称为智意,汉朝的陈平、韩安国就是这样的人。大凡这八类人才，都是以德、法、术三种才干作为基础。因此，虽然这些人才流派各异，却都能轻易完成分内之事。能写文章著书立说的人，可以称为文章，汉朝司马迁、班固就是这样的人。能传授圣人的事业，且不参与国事的人，可以称为儒学，汉朝毛亨、贯长卿就是这样的人。辩论的方法不入正道却语言丰富能应对自如的人,可以称为口辩,燕国乐毅、汉代曹丘生就是这样的人。胆量、才智超人的人，可以称为骁雄，白起、韩信就是这样的人。以上所说的十二种人才，都是位居臣属，没有将善于使用各种人才的君主囊括在内。

主德者，聪明平淡，总达众材[①]，而不以事自任者也。是故主道立,则十二材各得其任也。清节之德，师氏之任也[②]。法家之材，司寇之任也[③]。术家之材，三孤之任也[④]。三材纯备，三公之任也[⑤]。三材而微，冢宰之任也[⑥]。臧否之材，师氏之佐也[⑦]。智意之材，冢宰之佐也。伎俩之材，司空之任也[⑧]。儒学之材，安民之任也。文章之材，国史之任也[⑨]。辩给之材，行人之任也[⑩]。骁雄之材，将帅之任也。是谓主道得而臣道序，官不易方[⑪]，而太平用成[⑫]。若道不平淡与一材同用好，则一材处权[13]，而众材失任矣。

注释

①总达：统领提拔。

②师氏：周代官名。掌辅导王室、教育贵族子弟以及朝议得失之事。南北朝时期北周也曾设置此官。

③司寇：古代官名，夏殷时期亦有，是古代中央政府中掌管司法和纠察的官员。

④三孤：古代官名，指少师、少保、少傅。

⑤三公：古代中央三种最高官衔的合称。周朝以太师、太傅、太保为三公。

⑥冢宰：周朝官名，为六卿之首，又叫太宰。

⑦佐：处于辅助地位。

⑧司空：官名。周朝为六卿之一，即冬官大司空，掌管工程。

⑨国史：指负责编撰国史的官员。

⑩行人：官名。掌管朝觐、聘问的人。

⑪方：规则，常规。

⑫用：因此，所以。

⑬处权：掌权，当权。

译文

主德，就是聪明平淡，统领提拔众多人才，而不是自己亲自处理日常工作。因此，如果主德之道确立，那么以上所说的十二种人才就可以按照各自拥有的才干得到任用。具有清节家德行的人，任命他为师氏。具有法家才干的人，任命他为司寇。具有谋划策略才能的人，任命在三孤的职位。德、法、术三才兼具的人，任命在三公的职位。三才兼具但稍逊前者的人，任命他为冢宰。善于褒贬人物的人，地位要比师氏低一些。擅长权变智谋的人，地位比冢宰低一些。能够在具体官位上胜任的人，任命他为司空。具备传播圣人事业才能的人，任命在安抚平民的职位。具备编撰文章之才的人，任命他为国史。具备辩论之才的人，任命他为行人。骁勇剽悍之人，任命他为将帅。这样就是主德之道使为臣之道秩序井然，做官的人不改变为官之道，太平盛世因此建成。如果主德之道不中庸反而是偏好某种才能，那么就会造成具备这种才能的人当权，而具备其他才能的人不会被重用。

材理第四

夫建事立义，莫不须理而定。及其论难，鲜能定之[1]。夫何故哉？盖理多品而人材异也[2]。夫理多品则难通，人材异则情诡[3]。情诡难通，则理失而事违也。

注释

①鲜 xiǎn：少。

②品：品种，种类。

③诡：不同，有差异。

译文

做成一件事情或确立一种观点，没有不需要道理就确定的。到了讨论明辨道理的时候，却很少能有定论。这是为什么呢？因为道理的种类很多，而且人的才能也各不一样。道理品种众多就很难讲通，人的才能相异就会在性情上出现差异。性情不同，道理又难讲通，那么就会失去理据，事情与道理相违背。

夫理有四部[1]，明有四家[2]，情有九偏[3]，流有七似[4]，说有三失，难有六构[5]，通有八能。

注释

①部：部分。

②明：不隐蔽，公开。这里指外在的表现。

③偏：不全面，偏失。

④似：这里指表面看起来似乎对，而实际并非这样，即“似是而非”的意思。

⑤构：构成。

译文

道理有四个部分，道理的外在表现有四种，性情的偏失有九种，似是而非的现象有七种，在评判中构成的情绪有六种，通晓天下之理需要八种才能。

若夫天地气化①，盈虚损益，道之理也②。法制正事③，事之理也。礼教宜适，义之理也。人情枢机④，情之理也。

注释

①气化：指阴阳之气化生万物，是中国古代哲学术语。

②道：法则，规律。

③正事：政事。正，通“政”。

④枢机：言语。《易经》中有“言行，君子之枢机”的说法。

译文

至于阴阳之气化生的万物，有盈亏的变化，这是自然法则。用法律制度治理国政之事，这是人事的道理。用自然变化法则的道理礼教百姓，使他们的行动与时宜相合，这是有关义的道理。观察人们的言语，了解他们的性情，这是有关性情的道理。

四理不同，其于才也，须明而章[①]，明待质而行[②]。是故质于理合，合而有明，明足见理[③]，理足成家。是故质性平淡，思心玄微[④]，能通自然，道理之家也。质性警彻[⑤]，权略机捷[⑥]，能理烦速[⑦]，事理之家也。质性和平，能论礼教，辩其得失，义礼之家也。质性机解[⑧]，推情原意[⑨]，能适其变，情理之家也。

注释

①明：清楚，这里指外部表现。章：通“彰”，彰明。

②质：本质，本性。

③见：通“现”，显露。

④玄微：深远微妙。

⑤警彻：敏悟通达。

⑥机捷：机智敏捷。

⑦烦速：繁杂急迫的事务。

⑧机解：机敏聪颖。

⑨原：通“源”。

译文

四种道理相异，对于人才来说，这四种道理必须由外部表现彰显出来，外部表现依靠本性表现出来。所以人才的本质和道理相合，相合便会有外部表现，外部表现足以显露道理，道理充分就能自成一家。因此，本性平和恬静，心思深远微妙，能与自然相通，就是道理之家的表现。本性敏锐，有谋略且机智敏捷，能解决烦琐急迫的事务，就是事理之家的表现。本性温和平淡，能够论说礼教，辨明其中的得失，就是义理之家的表现。本性机敏有悟性，能够由性情推出本意，能适应其中的变化，就是情理之家的表现。

四家之明既异，而有九偏之情。以性犯明[①]，各有得失。刚略之人，不能理微；故其论大体，则弘博而高远；历纤理[②]，则宕往而疏越[③]。抗厉之人，不能回挠[④]，论法直[⑤]，则括处而公正[⑥]；说变通，则否戾而不入[⑦]。坚劲之人，好攻其事实，指机理[⑧]，则颖灼而彻尽[⑨]；涉大道，则径露而单持[⑩]。辩给之人，辞烦而意锐，推人事，则精识而穷理[⑪]；即大义，则恢愕而不周[⑫]。浮沉之人[⑬]，不能沉思。序疏数[⑭]，则豁达而傲博[⑮]；立事要，则爁炎而不定[⑯]。浅解之人，不能深难，听辩说，则拟锷而愉悦[⑰]；审精理，则掉转而无根。宽恕之人，不能速捷，论仁义，则弘详而长雅[⑱]；趋时务，则迟缓而不及。温柔之人，力不休强[19]，味道理，则顺适而和畅；拟疑难[20]，则濡懦而不尽。好奇之人，横逸而求异[21]，造权谲，则倜傥而瑰壮[22]；案清道，则诡常而恢迂[23]。此所谓性有九偏，各从其心之所可以为理。

注释

①犯：侵害，伤害。

②历：审查。纤 xiān 理：细微之理。

③宕 dàng 往：豪放而没有羁绊。疏越：疏忽遗漏。

④回挠 náo：降服，折服。

⑤法直：把法律放在……的位置，即论说法律适用之处。直，通“置”，放置。

⑥括处 chù：执法，审度刑狱。括，指法律。处，审察。

⑦否戾 pǐlì：乖戾，不合情理。

⑧机理：万物变化的道理。

⑨颖：东西末端的尖锐部分，这里是尖锐的意思。灼 zhuó：鲜亮，明亮。

⑩径露：不含蓄，直接。

⑪穷：完了，穷尽。

⑫恢愕 è：恢廓率直。周：周全，齐全。

⑬浮沉：在水中时而浮起，时而沉下，这里指浮躁，不沉稳。

⑭疏数 cù：疏密，指远近、亲疏。

⑮傲：通“敖”，闲游。

⑯爁 làn 炎：火焰闪动的样子。

⑰拟锷 è：类似锋利的剑刃。
⑱弘详：弘大宽容，温顺祥和。
⑲休强：强大壮丽。
⑳拟：打算，准备。
㉑横逸：不受拘束，奔放。
㉒倜傥 tì tǎng：非同寻常。瑰壮：奇特伟岸，壮丽。
㉓恢迂 yū：迂阔。

译文

四家的外部表象不同，由此产生了九种偏颇的性情。由于性情侵扰使得外部表现蒙受伤害，使四家各有得失。性情刚毅粗犷的人，无法处理细微事物，因此他在论说事物形貌时，会显得博大高远；但在审察细微道理时，就会豪迈不羁，疏漏失察。性情高尚、严肃正直的人，无法屈服折腰，在谈论法律适用的地方时，会把执法刑狱的要点讲得不偏不倚；但在谈论灵活变通方面，就会显示出荒谬不合情理的一面。性情坚强之人，爱好钻研具体事务的真实情况，在谈论具体事物变化规律时，能敏捷透彻；但在论说宏观道理时，就会直接而外露，所掌握的义理显得单薄。能说会道的人，言辞丰富且情意迫切，在推断人事时，则见识深远透彻；可是在碰到大道理时，则显得恢廓直率而不周全。性情浮躁之人，无法深入思考，在排列亲疏远近顺序时，会显得豁达而范围广大；但在确定事物的关键时刻，则会像火焰一样闪烁不定。理解问题肤浅的人，无法深入地问难，在听到别人辩论时，会认为得到像刀刃一样犀利的言语而满心欢喜；但在审察深奥的道理时，就会颠三倒四、毫无根据。性情宽厚能体察别人内心的人，无法迅捷地做出反应，在谈论仁义时，会柔顺雅尚；但在追逐潮流时，则显得迟缓滞后。性情温柔之人，力量不强大，在体会道理时，能够顺畅平和；但在决断处理疑难问题时，就会显现出软弱迟疑的特点。喜爱标新立异之人，奔放求新，在制造权谋诡诈时，会不同寻常而瑰丽壮观；但按照清静无为之道做事时，就会显出违反常规、不切实际的一面。以上就是人们所说的九种性情的偏颇，他们分别把自己心中认为是对的东西作为道理。

若乃性不精畅[①]，则流有七似。有漫谈陈说[②]，似若流行者[③]。有理少多端，似若博意者[④]。有回说合意，似若赞解者。有处后持长[⑤]，从众所安，似能听断者。有避难不应，似若有余而实不知者。有慕通口解[⑥]，似悦而不怿者。有因胜情失[⑦]，穷而称妙，跌则掎跖[⑧]，实求两解，似理不可屈者。凡此七似，众人之所惑也。

注释

①若乃：至于，用于句子的开头，表示另起一事。精畅：纯正畅达。

②陈说：陈旧的理论。

③流行：盛行，广泛传播。这里指盛行的学说。

④博意：广博的含义。

⑤长：对，这里是赞许的意思。

⑥慕：效仿。

⑦因：往，向。

⑧掎跖 jǐzhí：勉强坚持着把……用作依据。

译文

至于性情不纯正畅达之人，就有七种似是而非的表现。有的人漫谈陈旧的学说，就好像这个学说正在时下流行一样。有的人道理不多，但涉及多个方面，就好像这种学说含义十分广博似的。有的人顺从别人的意图进行回答，表面上称赞别人，心里却并不了解别人所说的话。有的人在别人谈论后发表见解，表明赞许的态度，顺从大部分人赞同的观点，就好像能够判定谁是谁非一样。有的人事实上并不了解别人所说的话，却假装轻视，不予回答，好似已经知道一样，可实际上并不是这样。有的人效仿那些精通事理之人马上回应，好像因为有所顿悟而高兴，实际上并不是真的高兴。有的人由于追求在辩论中获胜而失去正常的性情，已经词穷却还以为难以尽意，已经理亏却还勉强坚持以为依据，心里想着和对方停止辩驳，嘴上却不停地说，让别人认为他并没有被说服。这七种似是而非的表现，常常让人们迷惑不解。

夫辩有理胜，有辞胜。理胜者，正白黑以广论[①]，释微妙而通之。辞胜者，破正理以求异，求异则正失矣。夫九偏之材，有同、有反、有杂。同则相解，反则相非，杂则相恢[②]。故善接论者，度所长而论之[③]。历之不动，则不说也。傍无听达，则不难也。不善接论者，说之以杂反。说之以杂反[④]，则不入矣。善喻者[⑤]，以一言明数事。不善喻者，百言不明一意。百言不明一意，则不听也。是说之三失也。

注释

①正：拨乱反正。

②恢：宏大宽广。此处义为互相包容。

③度：揣度，推测。

④杂反：观点等混杂相反。

⑤喻：说明，让人了解。

译文

论辩有以道理取胜，也有以言词取胜。通过道理获得胜利的，以辨别黑白是非来推广自己的理论，解释微妙的道理让别人了解明白。通过言语取胜的，破除正统道理追求异说，追求异说则失去了正理。九种性情偏颇的人才，有同、反、杂三种性情。性情相同就会与他人的观点相容，性情相反则会与他人观点相排斥，性情杂的能够接纳别人的观点。因此，擅长与别人交流的人，会揣度别人的长处然后与他谈论。自己的意见无法劝服对方，则暂时不说。身边没有通达的人听，就不提出批评指责。不擅长和别人交流的人，用杂糅相反的观点和别人论说，用杂糅相反的观点与别人论说，则会与对方格格不入。善于说明的人，可以用一句话说明几件事情。不善于说明的人，说很多话也没法说明一件事情，别人也就不会听了。这是论说的三个失误。

善难者，务释事本①。不善难者，舍本而理末。舍本而理末，则辞构矣②。善攻强者，下其盛锐③，扶其本指④，以渐攻之。不善攻强者，引其误辞，以挫其锐意。挫其锐意，则气构矣⑤。善蹑失者⑥，指其所跌。不善蹑失者，因屈而抵其性。因屈而抵其性，则怨构矣⑦。或常所思求，久乃得之。仓卒谕人，人不速知，则以为难谕。以为难谕，则忿构矣⑧。夫盛难之时，其误难迫⑨。故善难者，征之使还。不善难者，凌而激之，虽欲顾藉，其势无由。其势无由，则妄构矣⑩。凡人心有所思，则耳且不能听，是故并思俱说，竞相制止，欲人之听己。人亦以其方思之故，不了己意，则以为不解。人情莫不讳不解，讳不解，则怒构矣⑪。凡此六构，变之所由兴也⑫。

注释

①事：治，治理。

②辞构：这里指繁冗言辞的构成。

③下：由高处往低处，下降，减少。

④指：通"旨"，意旨，意图。

⑤气：发怒，生气。

⑥蹑 niè：通"摄"，拿起。

⑦怨：仇恨，比生气更强烈的一种情绪。

⑧忿 fèn：愤怒，比怨恨更强烈的情绪。

⑨迫：逼迫，硬逼。

⑩妄：不合理的，胡乱的。

⑪怒：比忿更加激烈的情绪。

⑫兴：兴起，发生。

译文

擅长辩驳的人，致力于抓住根本事物而舍弃细枝末节。不擅长辩驳的人，则是舍弃根本而关注细枝末节。舍弃根本而关注细枝末节，就构成了言辞冗杂、废话多的状况。擅长战胜强大对手的人，首先是降低对方的盛锐气势，之后顺着他本来的意图，一步步地批判反驳他。不擅长进攻强大对手的人，经常是找出对方语言上的疏漏，用此挫败他的锐气。用这种方式挫败对手的锐气，便会使他的话语和表情都显现出生气的情绪。擅长利用对方失误的人，当对方出现过失的时候，不去在失误上逼迫他。不擅长利用对方过失的人，趁着对方理屈词穷之时愈发使他受挫。因为对方理屈而进一步压迫，就会使对手心里产生怨恨的情绪。有些人常常自己探索道理，经过很长时间才能有所发现。但他却让别人立马接受这个道理，如果别人无法立即接受，就认为这个人无法理喻。把别人当作无法理喻之人，别人就会因愤怒而与之争辩。当别人因为气盛出现言语的失误时，对这个错误应该回避，不要进一步紧逼。因此，擅长对待别人言语错误的人，指出别人的错误且能让别人有挽回的余地。而不擅长对待别人言语错误的人，会借机侵犯，使他做出更加强烈的反应，对手即便顾念自己的面子，可是也无法挽回。无法挽回，就会随意诋毁。凡是人们在思考问题的时候，一般听不到别人在说什么。因此，在别人思考问题的时候去找他谈话，制止别人，只想让别人听自己的，而别人由于正在思考问题，没有听到，就以为别人不了解自己的想法。忌讳别人说不了解是人之常情，由于忌讳人家说自己不懂，就造成了愤怒的情绪。上边所述的六种情况，便产生了谈话中的纠纷。

然虽有变构，犹有所得。若说而不难，各陈所见，则莫知所用矣。由此论之，谈而定理者，眇矣[①]。必也聪能听序[②]，思能造端[③]，明能见机[④]，辞能辩意，捷能摄失，守能待攻，攻能夺守[⑤]，夺能易予[⑥]。兼此八者，然后乃能通于天下之理。通于天下之理，则能通人矣。不能兼有八美，适有一能[⑦]，则所达者偏，而所有异目矣[⑧]。

注释

①眇 miǎo：瞎了眼睛，这里指盲目，无目的。

②序：排列次第，这里指听到声音大小差别，并排出次序。

③造端：开头，发端。

④见机：辨别出情势。

⑤夺：争先，取得胜利。

⑥予：认可。

⑦适：通“啻”，仅，但，只。

⑧异目：另眼，这里指各自用偏才建起自己的名声。

译文

然而虽然辩说会由各种情绪的变化构成，但最后还是要以明确的真理获取成功。若只有陈述却没有辩论和质疑，仅仅是各自述说自己的意见，就不知道哪种道理是可用的。所以可以说，泛泛而谈没有经过辩论而确定下来的道理，是盲目的。必须让听力灵敏得能分辨声音细微的差别，心思深远得能追溯到事物的本源，眼光敏锐得能察觉到事物变化的先兆，语言巧妙得能表达心中的思想，处事敏锐得能弥补偶尔犯下的失误，防守坚固得能抵挡强敌的进攻，进攻凌厉得能战胜严密的防守，争夺巧妙得可以用对方的弱点战胜对方。同时具备这八种才能，然后才能通晓天下的道理。通晓天下之理，便能透彻地了解人。不能同时具备这八种才干，而仅有一种才干，那么所获得的成就是偏颇的，并且是以偏才建立起名声的。

是故聪能听序，谓之名物之材[①]。思能造端，谓之构架之材[②]。明能见机，谓之达识之材。辞能辩意，谓之赡给之材。捷能摄失，谓之权捷之材[③]。守能待攻，谓之持论之材[④]。攻能夺守，谓之推彻之材[⑤]。夺能易予，谓之贸说之材[⑥]。通材之人，既兼此八材，行之以道。与通人言，则同解而心喻。与众人言[⑦]，则察色而顺性。虽明包众理，不以尚人[⑧]。聪睿资给，不以先人[⑨]。善言出己，理足则止。鄙误在人，过而不迫。写人之所怀[⑩]，扶人之所能。不以事类犯人之所婟[⑪]，不以言例及己之所长。说直说变[⑫]，无所畏恶。采虫声之善音，赞愚人之偶得。夺与有宜，去就不留[⑬]。方其盛气[⑭]，折谢不吝[⑮]。方其胜难，胜而不矜。心平志谕，无适无莫[⑯]，期于得道而已矣[⑰]，是可与论经世而理物也[⑱]。

注释

①名物：给事物命名，明辨物理。

②构架：构思设计，这里引申为运筹决策。

③权捷：敏于应变。

④持论：发表自己的主张，立论。

⑤推彻：这里指在理论上摧毁对方。

⑥贸说：长于辞令辩论。

⑦众人：这里指普通人。

⑧尚人：人上人。尚，通“上”。

⑨先人：居于人前的人。

⑩写：通“泻”，倾泻。

⑪嫮 hù：古同“嫭”，嫉恨。

⑫说直：劝服刚正之人。说变：劝服诡诈之人。

⑬留：停留，迟滞。

⑭方：正当，正在。

⑮吝：过分爱惜。

⑯莫：不肯，不可。

⑰期：期望，期许。

⑱经世：治理国事。理物：治民，管理百姓。

译文

因此，听力灵敏能辨别出声音细微差别的人，称为名物之才。深思远虑能追溯到事物起源的人，称为构架之才。眼光敏锐能察觉事物变化先兆的人，称为达识之才。言语巧妙能阐释心中想法的人，称为赡给之才。处事灵敏能够弥补偶尔失误的人，称为权捷之才。防守坚固能抵挡敌人进攻的人，称为持论之才。进攻凌厉能战胜严密防守的人，称之为推彻之才。通才便是兼备以上八种才能的人，他们能遵守事物变化的规律，发挥这些才能。通才之间相互交流，他们理解相同，心里豁亮。通才与普通人交流，则察言观色并顺从他们的性情。通才们虽然懂得并掌握了很多道理，却不会因此高居人上。他们虽然聪明有天赋，却不会因此居于人前。好的话出于他们口中，但只把道理说充分便适可而止。别人出现低下的错误，通才们看到也不会去追究。他们替别人抒发情怀，帮助别人发挥才能。不会用类似的事情冒犯别人，进而引起别人的嫉妒，不用比喻的言辞涉及自己的长处。不论是劝说正直之人，还是劝服诡诈之人，都既无畏惧也无烦厌。在鸣虫的叫声中获取美的声音，赞许蠢笨之人的偶尔发现。获得和给予都恰到好处，离开或者留下都毫不迟疑。当他们气势正旺之时，也能够不惜弯腰道歉。当他们战胜与之论辩的敌人时，也能够不骄傲。他们心平气和，志向明确，在坚持一定的目标时，擅长运用灵活的手段，只期望能掌握事物罢了。这样的人就可以与他谈论治理国事和管理百姓的道理了。

卷中

材能第五

或曰[①]：“人材有能大而不能小，犹函牛之鼎不可以烹鸡[②]。”愚以为此非名也[③]。夫能之为言，已定之称；岂有能大而不能小乎？凡所谓能大而不能小，其语出于性有宽急。性有宽急，故宜有大小。宽弘之人，宜为郡国[④]，使下得施其功[⑤]，而总成其事。急小之人[⑥]，宜理百里[⑦]，使事办于己。然则郡之与县，异体之大小者也[⑧]。以实理宽急论辩之，则当言大小异宜，不当言能大不能小也。若夫鸡之与牛，亦异体之小大也，故鼎亦宜有大小。若以烹犊，则岂不能烹鸡乎？故能治大郡，则亦能治小郡矣。推此论之，人材各有所宜，非独大小之谓也。

注释

①或：有些人。

②函：容纳，包含。

③名：形容，描述。

④为：处理，治理。郡国：郡和国的合称。汉初，分天下为郡和国，郡直属中央，国分封诸王侯。

⑤下：这里指下属。

⑥小：指性情急躁、气量狭小的人。

⑦百里：古时候诸侯的封地范围，这里指一县。

⑧异体之大小：物体大小的差别。

译文

有些人说："人才能任命为高级职务不能任命为低级职务，正像烹牛的鼎不可以拿来煮鸡一样。"我以为这个比喻是错误的。才能作为一个词语，已经成为专门术语。怎么会有可以担任高级职务却无法担任低级职务的人才呢？大凡能担任高级职务却不能担任低级职务的说法，都是从性情宽缓急狭的方面说的。宽缓急狭的性情造成了任职的高低不同。性情宽厚迂缓的人，适合治理郡国，这种人能让下属发挥各自的才干，而他自己总揽大局，完成一郡或一国首长的职责。性情急躁气量狭窄的人，适合治理一个县城，各种事情都由自己亲自完成。但是一个郡国和一个县城，只是区域范围的大小不同而已。以实际治理和性情的宽急而言，应该说只是适合治理的范围不同，不应当说可以治理大地方却不能治理小地方。至于鸡和牛，也是体积大小的差别，因此鼎也该有大小。如果鼎大得能够用来烹煮牛，难道不能用来烹煮鸡吗？因此，能够治理大郡国的人，也能够治理小郡县。由此可以推之，人才各有其适宜担当的职务，不能够仅仅用大小去说明论述。

夫人材不同，能各有异。有自任之能①，有立法使人从之之能，有消息辨护之能②，有德教师人之能③，有行事使人谴让之能[④]，有司察纠摘之能[⑤]，有权奇之能[⑥]，有威猛之能。

注释

①自任：自己承受，这里指自我修身养性。

②消息：变化。这里指在变化中应对自如。

③师：效仿，效法。

④行事：行人之事，出使之事。使人：奉命出使的人，即使节。谴让：责备，谴责。

⑤司察：督察。司，通“伺”。纠摘：督察揭发。

⑥权奇：形容人的智谋出众。

译文

人才不同，能力也各有不同。有些人具有自我修身养性的能力，有些人具有建立法律制度让人听从的能力，有些人有在变化中应对自如的能力，有些人具有用德教使人效法的能力，有些人具有担任使节谴责别国的能力，有些人具备督察揭发的能力，有些人具备用奇谋巧计建立功业的能力，有些人具有勇猛威武的能力。

夫能出于材，材不同量。材能既殊，任政亦异。是故自任之能，清节之材也。故在朝也，则冢宰之任，为国则矫直之政[①]。立法之能，治家之材也[②]，故在朝也，则司寇之任，为国则公正之政。计策之能，术家之材也。故在朝也，则三孤之任，为国则变化之政。人事之能，智意之材也，故在朝也，则冢宰之佐，为国则谐合之政[3]。行事之能，谴让之材也。故在朝也，则司寇之佐，为国则督责之政。权奇之能，伎俩之材也。故在朝也，则司空之任，为国则艺事之政[4]。司察之能，臧否之材也。故在朝也，则师氏之佐，为国则刻削之政[5]。威猛之能，豪杰之材也。故在朝也，则将帅之任，为国则严厉之政。

注释

①矫直：这里比喻矫正辟邪。

②治家：本义为管理家事。这里指法家。

③谐和：和顺，协调。

④艺事：技艺，才艺。

⑤刻削：严酷，刻薄。

译文

人的能力来自才智，才智大小又有不同。才智既然有大小差异，人才所担任的国家政事也不相同。因此具有自我修身养性能力的人才，是清节家之材。所以他在朝廷，就会担任冢宰的职位，治理国家就会矫正辟邪实行正直的政治。具有建立法律制度能力的人，是法家之材。因此他在朝廷，就会担任司寇一职，治理国家就会实行公正无私的政治。具备谋略巧计能力的人，是术家之材。因此他在朝廷，就会担任三孤的职位，治理国家就会实施灵活变化的政治。具备通晓人情世故才能的人，是智意之材。因此他在朝廷，就会担任冢宰助手的职位，治理国家就会实施督察责难的政治。具备奇思妙想能力的人，是伎俩之材。因此他在朝廷，就会担当司空一职，治理国家就会实施崇尚技艺的政治。具备监察检举能力的人，是臧否之材。因此他在朝廷，就会担任师氏的助手，治理国家就会实施严峻苛责的政治。具有威武迅猛能力的人，是豪杰之材。因此他在朝廷，就会担任将帅的职位，治理国家就会实行严厉的政治。

凡偏材之人，皆一味之美。故长于办一官，而短于为一国。何者？夫一官之任，以一味协五味[①]。一国之政，以无味和五味[②]。又国有俗化[③]，民有剧易[④]，而人材不同，故政有得失。是以王化之政宜于统大，以之治小，则迂[⑤]。辨护之政宜于治烦[⑥]，以之治易，则无易。策术之政宜于治难，以之治平，则无奇。矫抗之政[⑦]，宜于治侈，以之治弊[⑧]，则残[⑨]。谐和之政宜于治新，以之治旧，则虚[⑩]。公刻之政宜于纠奸，以之治边，则失众。威猛之政宜于讨乱，以之治善，则暴[⑪]。伎俩之政宜于治富，以之治贫，则劳而下困。故量能授官[⑫]，不可不审也[⑬]。凡此之能，皆偏材之人也。故或能言而不能行，或能行而不能言。至于国体之人，能言能行，故为众材之隽也。

注释

①以一味协五味：这里指各司其职。

②以无味和五味：这里指国君用中庸之道治理百官，能够调动百官的能动性。

③俗化：教化习俗。

④剧易：激烈与平和。

⑤迂：言行或者见解不合时宜。

⑥烦：急躁苦闷。

⑦矫抗：与众人违异，以示清高。

⑧弊：这里指民俗的弊端。

⑨残：毁坏，这里指百姓受到残害。

⑩虚：不真实的，假的。

⑪暴：这里指残害平民。

⑫量能授官：依据才能授予官职。

⑬审：周密，详细。

译文

凡是偏才之人，都是仅有一种特长。因此，偏才在一个具体位置上能够发挥他的才能，但是在治理国家上就会显出他的不足。为什么会这么说呢？偏才在某个具体职位上，会和别人齐力获得治国的成就。但治理国家的重责，要求用中庸之道调动百官的能动性。再者，一个国家里有习俗影响和教育感化的差异，有众民激烈与平和的差异，人才的各种才能也有差异，因此用他们治国掌政就会有得有失。因此，以王道教化政治的实施者适合掌握国家大政方针，如果用他们治理小事，就显得不合时宜。以权术智谋修护政治的实施者适合治理纷乱的局面，如果让他们治理安定平和的局面，就会失去安稳。以权术谋略行于政治的实施者适合修治危难的局势，如果让他们修治平常的局面，就不会出现奇迹。实行与众不同的政治的人适合修治奢侈的局势，如果让他们治理民俗弊端，就会让平民百姓受到残害。谐和政治的实施者适合治理刚刚创立的局面，如果让他们去修治旧的局面，就会造成虚假不真实的情况。公正苛刻政治的实施者适合纠察奸诈，如果让他们治理边境，则会造成百姓逃亡。威猛政治的实施者适合平定叛乱，如果让他们治理良民，就会造成对百姓残暴的局面。技艺政治的崇尚者适合治理富足的地域，如果治理贫苦的地区，就会徒劳无功且使百姓痛苦。因此，应该依据人的才能授予官职，对此不可疏忽行事。大凡具备以上种种才能的人，都是偏才。所以有些人善于说不善于做，有些人善于做不善于说。至于国家的栋梁之材，既善说又善做，所以是众多人才中的杰出者。

人君之能，异于此。故臣以自任为能[①]，君以能用人为能。臣以能言为能，君以能听为能。臣以能行为能，君以能赏罚为能。所能不同，故能君众材也[②]。

注释

①自任：这里指靠自己的能力建功立业。

②君：管制，统领。

译文

国君的才能，与上述几种都不同。因此，大臣以用自己才能建立功业作为能力，而国君以任用贤能人才并使他们各施其才作为能力。大臣以能够表达自己的才能为能力，国君以倾听大臣之言而默观其行为能力。大臣以能够实行自己所说为能力，国君以能够对大臣赏罚分明为能力。国君与大臣能力各不相同，因此国君能够统治驾驭众多人才。

利害第六

盖人业之流，各有利害。夫节清之业著于仪容[①]，发于德行，未用而章，其道顺而有化。故其未达也，为众人之所进[②]；既达也，为上下之所敬。其功足以激浊扬清[③]，师范僚友。其为业也无弊而常显，故为世之所贵。

注释

①节清：即是清节。

②为：被，用在动词之前。

③激浊扬清：本义是冲走污水，迎来清水。这里比喻惩恶扬善。

译文

在人才功业的流变中，各有长处和短处。清节家的功业显现在行为举止上，这些行为举止源自道德品行，而道德品行在他们没被任命之前就表现得非常明显，他们的道德顺应民意且具有教化的功能。因此当他们没有发达的时候，就会被大家推举；发达之后，就会被上下敬仰。他们的功业足以惩恶扬善，成为朋友同僚的榜样。他们从事的事业没有弊端反而功德显著，所以被世人推崇尊重。

法家之业，本于制度，待乎成功而效[①]。其道前苦而后治[②]，严而为众。故其未达也，为众人之所忌。已试也[③]，为上下之所惮[④]。其功足以立法成治，其弊也为群枉之所仇[⑤]。其为业也，有敝而不常用[⑥]，故功大而不终[⑦]。

注释

①待乎成功而效：等到成功之后才能看到效果。

②前苦而后治：开始比较苛刻、严酷，后来收到大治的效果。

③试：这里有任用的意思。

④惮 dàn：害怕，畏惧。

⑤枉：弯曲，引申为行为违法或不合正道。

⑥敝 bì：丢掉。

⑦终：结果，指好的结果。

译文

法家的功业，根本在于建立国家的法律体系，等待成功之后才能看到成效。法家开始建立威权的时候比较艰苦，后来才能收到治理的效果，法家建立威权是为了众人。因此，当他们没有发达的时候，被众人忌惮。被任用以后，被上下畏惧。法家的功业足以建立法律体系来治理国家，弊端是被众多邪恶之人仇视。他们所进行的事业，有时被丢弃到一边，不能一直得到任用，因此常常功业巨大却不得善终。

术家之业，出于聪思，待于谋得而章[①]。其道先微而后著[②]，精而且玄。其未达也，为众人之所不识。其用也，为明主之所珍。其功足以运筹通变[③]。其退也[④]，藏于隐微[⑤]。其为业也，奇而希用[⑥]，故或沉微而不章[⑦]。

注释

①谋得而章：计谋成功后结果才得以彰显。章，通“彰”。

②道：这里指政治主张或思想体系。

③运筹通变：筹划谋略变化。

④退：离开，辞掉。

⑤藏于隐微：谋略深藏不露。

⑥希：通“稀”，少。

⑦沉微：即深藏。

译文

术家的功业，出于聪敏远虑，等到谋略成功之后才能够显现出来。他的思想体系先隐微后显著，精深而又玄远。术家还没有显贵的时候，不被大众认识。他被任用的时候，被圣明的君主珍爱。术家的功业长处是足以谋划通达与权变的平衡。他离开职位的时候，计谋和策略便深藏。术家从事的事业，因奇特而很少被人采用，因此有的人便深藏不露。

智意之业，本于原度[①]，其道顺而不忤[②]。故其未达也，为众人之所容矣。已达也，为宠爱之所嘉[③]。其功足以赞明计虑，其敝也，知进而不退，或离正以自全。其为业也，谞而难持[④]，故或先利而后害。

注释

①原度：推原测度，追溯事物本源。

②忤 wǔ：违背，抵触。

③嘉：夸奖，赞扬。

④谞 xǔ 而难持：运用聪明才智却难以自保。谞，才智，谋划。

译文

智意家的功业，其根本是追溯源头，揣度变化，他的思想体系不与当下相抵触。因此他还没有显贵的时候，就已经被大众接受。当他显贵之后，又被宠爱他的人夸奖。他功业的长处足以帮助显明的君王制定策略，他的不足是只知进身却不知引退，有时候还会脱离正道保全自身。智意家从事的事业，是运用才智但难以自保，因此有的人开始获利，到后来却招致灾难。

臧否之业，本乎是非，其道廉而且砭[①]。故其未达也，为众人之所识。已达也，为众人之所称[②]。其功足以变察是非[③]，其敝也，为诋诃之所怨[④]。其为业也，峭而不裕[5]，故或先得而后离众。

注释

①砭 biān：用针石治疗疾病，这里引申为指责。

②称：称赞。

③变：通“辨”，辨别，分辨。

④诋诃 hē：诋毁，指责。怨：怨恨。

⑤峭：形容严峻，这里指严厉苛刻。裕：宽容。

译文

臧否家的功业根本是评断是非，他的思想体系主张自身廉洁、批评别人的错误。因此他没有显贵的时候，就被大众知道。当他显贵的时候，就被大众称誉。他的功业的作用足以辨别是非曲直，他的不足就是会被那些诋毁者怨恨。臧否家从事的事业，严厉苛刻、缺乏宽容，因此开始的时候能够取得大众支持，后来却远离大众。

伎俩之业，本于事能[1]，其道辨而且速[2]。其未达也，为众人之所异[3]。已达也，为官司之所任[4]。其功足以理烦纠邪，其敝也，民劳而下困。其为业也，细而不泰[5]，故为治之末也。

注释

①能：技能，技艺。

②辨：通“办”。

③为众人之所异：被众人当作是技能突出的奇异之人。

④官司：指政府的主管部门，官府。

⑤泰：极，大。

译文

伎俩家的功业，其根本是从事技能性的工作，他的思想是把事情迅速办成。当他没有显贵的时候，就被大众当作技艺突出的奇人。当他显达之后，就被政府的主管部门任用。他的功业的作用是足以处理纷繁复杂的事务，纠正邪僻，他的不足是让民众下属疲顿不堪。伎俩家从事的事业，细小而不宏大，因此是治国之术的末端。

接识第七

夫人初甚难知，而士无众寡皆自以为知人。故以己观人，则以为可知也。观人之察人，则以为不识也。夫何哉？是故能识同体之善①，而或失异量之美②。何以论其然③？夫清节之人以正直为度，故其历众材也④，能识性行之常⑤，而或疑法术之诡。法制之人以分数为度⑥，故能识较方直之量⑦，而不贵变化之术。术谋之人以思谟为度⑧，故能成策略之奇，而不识遵法之良。器能之人以辨护为度，故能识方略之规，而不知制度之原⑨。智意之人以原意为度⑩，故能识韬谞之权，而不贵法教之常。伎俩之人以邀功为度⑪，故能识进趣之功⑫，而不通道德之化。臧否之人以伺察为度⑬，故能识诃砭之明，而不畅倜傥之异⑭。言语之人以辨析为度，故能识捷给之惠⑮，而不知含章之美⑯。

注释

①能识同体之善：可以认识同类人才的优点。

②或失异量之美：有时认识不到不同人才的优点。

③然：如此，这样。

④历：阅历，这里有观察的意思。

⑤性行之常：性情、行为长久不变。

⑥分数：规范，法度。

⑦识较方直之量：认识较为方直之人的能力。量，才能，能力。

⑧谟：谋略，计策。

⑨原：本来，本源。

⑩原意：研究他人的本意。原，指考究，研究。

⑪邀功：把他人的功劳抢过来当作自己的，以求取功劳。

⑫进趣：同“进趋”，求取，追取。

⑬伺察：观察，审视。

⑭畅：这里是长的意思。

⑮惠：通“慧”，聪明。

⑯含章：包含美质。

译文

人的性情深处很难洞悉，但读书人无论自己智慧多寡都会认为自己有识人之明。因此用自己的标准观察人才，则认为自己有识人之明。用别人的标准去观察人才，则认为他没有识人之明。那么这是为什么呢？因为人能够辨别同类人才的优点，有时却无法认识到不同人才的好处。为什么这样说呢？清节家用正直清节为标准衡量别人，因此当他审视众多人才的时候，可以认识性情行为长久不变的好处，但有时候却会对别人的欺诈产生怀疑。法制家用法律规则作为标准衡量别人，因此他可以辨别出较为耿直刚正之人的能力，但不重视变化纷杂的谋略权术。术谋之人用深思谋略作为标准衡量别人，因此他可以评定计策谋略的奇妙，但不能辨别遵守法律制度的好处。器能者用智谋权术作为标准衡量别人，因此能够辨别方略的规定，却不知道制度的根本用途。智意之人用研究所得的别人的本意作为标准衡量他人，因此能够隐藏机谋权术，但不重视普通的法制教化。伎俩之人用求取功劳作为标准衡量别人，因此可以识别追求进取的作用，但不知道道德的教化用途。臧否者用观察别人的不足作为标准衡量他人，因此可以识别指责、批评的优点，却不认为卓越、不同寻常是优点。言语者用辨别剖析作为标准衡量别人，因此能够分辨言辞敏捷、反应迅速的聪敏表现，却不知道内在美质的优点。

是以互相非驳①，莫肯相是②。取同体也，则接论而相得③。取异体也，虽历久而不知。凡此之类，皆谓一流之材也④。若二至已上⑤，亦随其所兼，以及异数⑥。故一流之人，能识一流之善。二流之人，能识二流之美。尽有诸流，则亦能兼达众材。故兼材之人与国体同。

注释

①是以：因此，所以。非驳：非难辩驳。

②是：的确，肯定。

③相得：彼此相投契。

④一流之材：同类人才。

⑤至：这里是标准、规范的意思。已：同“以”。

⑥异数：程度不同，等次不一。

译文

因此相互指责非难，没有人相互肯定。遇到自己同类的人才，讨论的时候观点相投契。遇到与自己不同的人才，那么即使在很长的时间内也互不相知。凡是之上所说的，都可以称为仅与同类人才相通。若兼通两种人才以上，也就随着他所兼备的才智，达到不同的级别。因此只与同类人才相通之人，只能辨识他这类人才的长处。与所有种类人才都相通的人，就能够同时知晓大多数人才的优点。所以兼才的人与国体之才是同样的。

欲观其一隅①，则终朝足以识之②。将究其详，则三日而后足。何谓三日而后足？夫国体之人兼有三材，故谈不三日不足以尽之③。一以论道德，二以论法制，三以论策术，然后乃能竭其所长，而举之不疑。

注释

①隅 yú：角落，这里指方面。

②终朝：清晨。

③尽：都，全部。

译文

如果要观察他一个方面，那么一个早晨就足够识别了。如果要深究详细，那么要三天时间才能足够。为什么要三天之后才能足够呢？国体之人兼备三种才能，所以没有三天的交流就不能够完全了解。第一天与他谈论道德，第二天与他谈论法制，第三天与他谈论谋略之术，然后才能完全了解他的长处，那么在推举他的时候就不会有什么怀疑。

然则何以知其兼偏①，而与之言乎？其为人也，务以流数杼人之所长而为之名目②，如是兼也。如陈以美欲人称之③，不欲知人之所有，如是者偏也。不欲知人，则言无不疑。是故以深说浅，益深益异④。异则相返⑤，反则相非。是故多陈处直⑥，则以为见美⑦。静听不言，则以为虚空。抗为高谈，则以为不逊。逊让不尽⑧,则以为浅陋。言称一善,则以为不博。历发众奇⑨，则以为多端。先意而言，则以为分美⑩。因失难之，则以为不喻⑪。说以对反，则以为较己⑫。博以异杂，则以为无要⑬。论以同体，然后乃悦。于是乎有亲爱之情，称举之誉。此偏材之常失。

注释

①兼偏：指兼才和偏才。

②数：学术，技艺。杼 zhù：通“抒”，申述。名目：

标榜。

③陈以美欲人称之：述说自己的长处，让别人赞许自己。

④益深益异：道理说得越深分歧越大。益，更加。

⑤相返：这里是相反的意思。

⑥多陈处直：过多地述说自己处理事情的公正。直，耿直公正。

⑦见：通“现”，表现，表达。

⑧逊让不尽：因谦逊礼让而不完全使出本领。

⑨历发众奇：完全揭示各种奇特之处。历，遍，完全。

⑩分美：夺人之美据为己用。

⑪不喻：不高兴。

⑫较：较量，比较。

⑬无要：没有要领。

译文

既然这样，怎么才能分辨兼才和偏才，而去进行交流呢？他的为人，如果致力于依据各类人才所具备的技艺去申述优势，进行赞扬标榜，这就是兼才。如果只陈述自己的优点让别人赞美自己，不想了解别人有什么长处，这样的人就是偏才。不想知道他人的优点，就会对他人说的话产生怀疑。因此用艰深道理去说服肤浅之人，道理越深则分歧越大。出现分歧，观点就会相反，观点相反就会相互指责。因此，如果过分陈述自己处事公正，就会被认为在表现自己的优点。如果静静倾听、不言语，就会被当作腹内空荡没有学识。如果声音高昂、高谈阔论，则会被认为不懂得谦虚。如果因谦虚而不发挥全部本事，就会被认为鄙薄肤浅。如果只赞颂某一家的长处，就会被认为知识狭隘。如果普遍地揭露众家的奇妙之处，则会被当作头绪纷繁杂乱。如果提前把自己所想的表达出来，就会被认为夺人之美据为己有。如果要弥补他人观点的缺陷，就会被认为这是在制造不愉快。如果提出相反的观点，就会被当作论说不得要领。只有在与同类人的交谈中，才能感到高兴。于是就产生了亲近关爱之情，赞扬提拔之举。这些都是偏才经常犯的过错。

英雄第八

夫草之精秀者为英[①]，兽之特群者为雄[②]。故人之文武茂异[③]，取名于此。是故聪明秀出谓之英[④]，胆力过人谓之雄。此其大体之别名也。若校其分数[⑤]，则互相须，各以二分[⑥]，取彼一分，然后乃成。

注释

①精秀：完美优秀。

②特：特别，异常。

③茂异：德才出众。

④秀出：美好特出。

⑤校：查对。分数：指比例。

⑥二分：一分为二，分为两个部分。

译文

花草里完美优秀的称作英，野兽里卓越出群的称作雄。因此文武兼备、德才出众的人，用英雄二字取名。所以特别美好的人称作英，胆识过人的人称作雄，这是名称上的大体差异。如果查对它们的比例，那么二者相互需要，各自分为两个部分，两者各自取其中的一部分，然后才能成为英雄。

何以论其然？夫聪明者英之分也，不得雄之胆，则说不行[①]。胆力者雄之分也，不得英之智，则事不立。是故英以其聪谋始，以其明见机，待雄之胆行之。雄以其力服众，以其勇排难，待英之智成之。然后乃能各济其所长也[②]。若聪能谋始，而明不见机，乃可以坐论[③]，而不可以处事。若聪能谋始，明能见机，而勇不能行，可以循常，而不可以虑变[④]。若力能过人，而勇不能行，可以为力人[⑤]，未可以为先登[⑥]。力能过人，勇能行之，而智不能断事，可以为先登，未足以为将帅。必聪能谋始，明能见机，胆能决之，然后可以为英，张良是也。气力过人，勇能行之，智足断事，乃可以为雄，韩信是也。体分不同[⑦]，以多为目[⑧]，故英、雄异名。然皆偏至之材，人臣之任也。故英可以为相，雄可以为将，若一人之身兼有英、雄，则能长世，高祖、项羽是也[⑨]。

注释

①说：言论，主张。

②济：这里是发挥的意思。

③坐论：指论说学说道理的意思。

④虑变：思虑应对变化。

⑤力人：这里指有力气的人。

⑥先登：指先锋。

⑦体分：素质和禀赋。

⑧目：名目，名称。

⑨高祖：汉高祖，指西汉的建立者刘邦。项羽：楚王，秦朝末期与刘邦争夺天下。后在垓下被刘邦击败。

译文

为什么这么说？聪明的人具备英才的成分，不具备雄才的胆略，那么他的理论主张就无法实践。胆略是雄才具备的成分，却无法取得英才的智慧，那么事情就办不成。因此，英才以聪明谋划开始，明智机辩，并且还要具备雄才的胆气去付诸实践。雄才以力量征服别人，用自己的勇气排除艰难险阻，还需要具备英才的智慧谋略才能成功。这样才能发挥各自的长处。如果一个人聪明能谋划，却不能明智辨别机微，这种人可以让他大谈道理，但不能让他办理事情。如果一个人聪明能谋，也能辨别机微，却没有勇气实践，这种人能让他做平常的事情，却不能让他思虑应对变化。如果一个人力量超俗，却没有行动的勇气，可以让他做大力士，但不可以让他做先锋。如果一个人有超俗的力量，也具备行动的勇气，可是缺乏处理事情的智慧，这样可以让他做先锋，却不能任他为将帅。聪明能够谋划，明智可以辨别机微，胆识能够决断事情，这样的人才可以称为英才，张良就是这样的人。力气过人，有勇气去实践，具备足以决断事情的智慧，这样的人才可以称为雄才，韩信就是这样的人。人们具备的素质和禀赋不同，以所含较多的素质和禀赋命名，因此有了英才和雄才的区别。然而他们都是偏才，仅能担任大臣的职务。所以英才能够担任宰相，雄才可以担任将军，如果一个人身上同时具备英才和雄才的禀赋，就能够称霸于世，刘邦、项羽就是这样的人。

然英之分以多于雄，而英不可以少也。英分少，则智者去之。故项羽气力盖世，明能合变[①]，而不能听采奇异，有一范增不用[②]，是以陈平之徒皆亡归。高祖英分多，故群雄服之，英材归之，两得其用。故能吞秦破楚，宅有天下[③]。然则英、雄多少[④]，能自胜之数也[⑤]。徒英而不雄，则雄材不服也。徒雄而不英，则智者不归往也。故雄能得雄，不能得英。英能得英，不能得雄。故一人之身，兼有英、雄，乃能役英与雄。能役英与雄，故能成大业也。

注释

①合变：随机应变。

②范增：秦末著名谋士，追随项羽起义，被项羽称为“亚父”。后因刘邦实施反间计遭项羽猜疑，死于归乡途中。

③宅有天下：拥有天下。

④英、雄多少：英才和雄才的成分的多少。

⑤自胜之数：决定取胜的数量。自，由来。

译文

然而英才的成分虽然可以多过雄才，但英才是必不可少的。一个人缺乏英才的成分，那么智慧之人会离开他。所以项羽力气冠世，具备随机应变的智慧，却不能听取采纳与之不同的奇妙计谋，有范增却不用，以至于陈平等人都逃离他，归顺了刘邦。汉高祖刘邦英才的禀赋居多，所以群雄佩服，英才都归顺于他，这两种人才都能在他手下发挥自己的功用。因此刘邦可以推倒秦楚之政，掌握天下。因而这就证明了英才成分与雄才成分的多少是决定胜利与否的来由。仅仅具备英才的成分而没有雄才的素质，那么雄才不会服气他。仅仅具备雄才的成分而不具备英才的成分，那么智慧之人不会归顺服从他。因此，雄才之人能够得到雄才，却不能得到英才。英才之人能够得到英才，却无法得到雄才。所以一个人兼备英才和雄才的成分，才能够驱使英才与雄才。能够驱使英才与雄才，因此可以成就巨大的功业。

卷下

八观第九

八观者，一曰观其夺救[①]，以明间杂[②]。二曰观其感变[③]，以审常度。三曰观其志质[④]，以知其名[⑤]。四曰观其所由，以辨依似[⑥]。五曰观其爱敬，以知通塞[⑦]。六曰观其情机[⑧]，以辨恕惑[⑨]。七曰观其所短，以知其长。八曰观其聪明，以知所达[⑩]。

注释

①夺救：在救助他人时所暴露的另一面。夺，胜过，压倒。即施救于人时表现的私欲，如欲行慈善而依旧心存贪吝等情形。

②间杂：繁杂。

③感变：感应变化。

④志质：内在素质与外在表现。

⑤名：名声。

⑥依似：相似。依，依赖。

⑦通塞：畅通与阻塞。这里指人情方面。

⑧情机：感情变化的缘由。机，事情发生的缘起。

⑨恕惑：宽容和疑惑。

⑩达：这里指实现的事业。

译文

所谓八观，第一是观察他在救助别人时表现出的另一面，以此了解其品性的繁杂。第二是观察他对外界变化的感应，以此来审视他平时处世的态度。第三是观察他的内在素质与外在表现，以此来了解他将会取得的名声。第四是观察他行为的缘由，以此来分辨两种近似行为的区别。第五是观察他对爱敬的态度，以此来了解他与别人的情感交流是否通畅。第六是观察他情感变化的起源，以此知道他的优势。第七是观察他的短处，以推断他的长处。第八是观察他的聪明程度，以此了解他将会成就的事业。

何谓观其夺救，以明间杂？夫质有至、有违[①]，若至胜违，则恶情夺正，若然而不然[②]。故仁出于慈，有慈而不仁者。仁必有恤，有仁而不恤者。厉必有刚[③]，有厉而不刚者。若夫见可怜则流涕，将分与则吝啬，是慈而不仁者。睹危急则恻隐，将赴救则畏患，是仁而不恤者。处虚义则色厉，顾利欲则内荏[④]，是厉而不刚者。然则慈而不仁者，则吝夺之也。仁而不恤者，则惧夺之也。厉而不刚者，则欲夺之也。故曰：慈不能胜吝，无必其能仁也[⑤]。仁不能胜惧，无必其能恤也。厉不能胜欲，无必其能刚也。是故不仁之质胜，则伎力为害器[⑥]。贪悖之性胜[⑦]，则强猛为祸梯。亦有善情救恶，不至为害，爱惠分笃[⑧]，虽傲狎不离[⑨]，助善著明[⑩]，虽疾恶无害也。救济过厚，虽取人，不贪也[⑪]。是故观其夺救，而明间杂之情，可得知也。

注释

①至：这里指没有欲望。违：这里指有欲望。

②若然而不然：好像是这样却不是这样，指似是而非。

③厉：严厉，厉害。

④内荏 rěn：内心胆怯。

⑤无必：不一定。

⑥伎力：技艺与能力。

⑦贪悖：荒谬贪婪。

⑧爱惠分笃：慈爱仁惠，情分深厚。笃，厚实，深厚。

⑨傲狎 xiá：傲慢侮狎。

⑩著明：明显。

⑪虽取人，不贪也：虽然索取别人的东西，也算不上是贪婪。

译文

什么是观察一个人在救助别人时表现出的另一面，以此了解其品性的繁杂呢？人的本性有无欲和有欲两个部分，如果无欲过多，就会出现有欲多过无欲的邪恶现象，形成一种似是而非的情况。所以仁爱出于慈善，但有慈善却不仁爱的情况。所谓仁爱必定含有帮助别人的成分，但是有仁爱却不去帮助别人的现象。所谓厉害必定含有刚强的因素，但是有厉害却不刚强的现象。比如看到可怜的人就为之流泪，想把自己的东西分给他又不舍得，这就是慈善却不仁爱。看到别人危急就产生恻隐之心，想去救助但又担心自己遇难，这就是具备仁爱之心，却没有施救的行动。处在虚幻的道义中就严厉，一旦关系到个人利益内心就懦弱，这就是厉害却不刚强。慈善却不仁爱，是因为小气吝啬的本性战胜了慈善之心。仁爱却不救助别人，是因为恐惧的本性战胜了仁爱之心。厉害却不刚强，是因为欲望压倒了刚强。因此说：慈善战胜不了小气吝啬，就不一定能够施行仁爱。仁爱战胜不了畏惧怕难之心，就不一定能够救援别人。厉害战胜不了私欲，就不一定有刚强的表现。所以如果人的不仁本质占上风，那么技能就成为有害的武器了。如果贪婪荒悖的性质占了上风，那么刚猛强勇就成为致祸的阶梯。也不乏用慈善的性情救援邪恶的，这种状况不会造成危害。由于慈爱仁惠情分深厚，即使对方态度倨傲、言语不敬，也不与他分开，救援别人的善意明显；即便有过分憎恶的行为，也没有害处。救援别人过于丰厚，即便从别人那里索取东西，也不算是贪婪。因此说观察一个人在救援别人时的表现，对其间复杂的情况加以辨别，那么“观其所救，以明间杂”的含义就可以知道了。

何谓观其感变，以审常度？夫人厚貌深情，将欲求之，必观其辞旨①，察其应赞②。夫观其辞旨，

犹听音之善丑。察其应赞，犹视知之能否也。故观辞察应，足以互相别识。然则论显扬正[3]，白也[4]；不善言应，玄也[5]；经纬玄白[6]，通也；移易无正[7]，杂也[8]；先识未然，圣也；追思玄事，睿也；见事过人，明也；以明为晦，智也；微忽必识[9]，妙也；美妙不昧，疏也[10]；测之益深，实也；假合炫耀[11]，虚也；自见其美，不足也；不伐其能[12]，有余也。故曰：凡事不度[13]，必有其故。忧患之色，乏而且荒[14]。疾疢之色[15]，乱而垢杂。喜色愉然以怿，愠色厉然以扬。妒惑之色，冒昧无常。及其动作，盖并言辞。是故其言甚怿而精色不从者[16]，中有违也。其言有违而精色可信者，辞不敏也[17]。言未发而怒色先见者，意愤溢也。言将发而怒气送之者，强所不然也。凡此之类，征见于外，不可奄违[18]。虽欲违之，精色不从。感愕以明[19]，虽变可知。是故观其感变而常度之情可知。

注释

①辞旨：言辞的主旨、意思。

②察其应赞：观察他的回应是否恰当。

③论显扬正：清楚论述所提倡的观点是正确的。

④白：明白，清楚。

⑤玄：内心明白。

⑥经纬：规划治理。

⑦移易无正：随便改变观点，没有正确的立场。

⑧杂：这里指言语和意图上的含糊不清。

⑨微忽必识：特别细小的事情都能够看到。微忽，指细小的东西。

⑩疏：疏朗，开阔清朗。

⑪假合炫耀：借别人的观点炫耀自己。

⑫伐：自夸。

⑬不度：失常。

⑭荒：通“慌”，慌乱。

⑮疾疢 chèn：指疾病。

⑯精色：精神气色。

⑰敏：敏捷。

⑱奄 yǎn：通“掩”，掩盖，掩饰。违：违背。

⑲感愕 è：感到惊讶。

译文

什么是观察一个人的情感变化，以此了解他内心的状态？人的外表往往表现得丰盈，却把真实情感隐藏很深，假如要了解他们，必须要观察他们言辞的意图，观察他们的回答得当与否。观察人们言辞的意思，正如听辨声音的美丑一样。观察他们的回答得当与否，恰恰好比审查他们的智力有没有问题。因此，人们通过观察彼此的说话和反应，就完全可以甄别对方的能力。能清楚论述所提倡的观点是正确的人，是明白是非；而不擅长言辞和回应的人，是心里清楚；言辞心里都清楚的人，是通明事理；随意变化观点没有正确立场的人，是言辞和意图都不明白；事物还未形成就能够提前认识到的人，是圣贤；追思深奥玄妙道理的人，是智者；对事物的认识超越他人的人，是英明；心里清楚，但经常表现出不足的人，是机智；能看到极细微的事物的人，是精妙；明白美好奇妙事物的人，是疏朗；越测试越觉得知识广博的人，是内蕴丰富；借助别人的观点炫耀自己的人，是虚伪；处处展示自己优势和长处的人，是不足；不夸耀自己能力的人，是有余。因此说：大凡失常的表现和举动，都有内在原因。忧患的神情，疲惫且慌张。生病的神情，脸色混乱且有污垢。喜悦的神情，欢乐且愉快。怨愤的神情，严厉而易怒。嫉妒怀疑的神情，唐突且变化无常。这些情绪变化都表现在行为和言辞上。因此，如果一个人口中说快乐，而神色表现不出快乐时，其中必定有相违背的地方。如果他的言辞与真实情感相违背，但神色令人相信，言语表达常常不够敏捷。如果他话没出口但神色愤怒，表明他的愤怒已经难以控制。如果他将要说话而怒气已出，表明他被迫去做一些不喜欢的事情。上述种种状况，都是表征明显显现，无法掩饰。即使有掩饰真相的想法，可神色并不顺从。通过人们由内心感受而表现出来的神色，即便有变化也可以得知他真正的内心。所以说观察一个人的情感变化，就可以知道他内心的状态。

何谓观其至质[①]，以知其名？凡偏材之性，二至以上[②]，则至质相发，而令名生矣[③]。是故骨直气清，则休名生焉[4]。气清力劲，则烈名生焉。劲智精理[5]，则能名生焉。智直强悫[6]，则任名生焉[7]。集于端质[8]，则令德济焉[9]。加之学，则文理灼焉。是故观其所至之多少，而异名之所生可知也。

注释

①至质：即上文所说志质。

②二至：指本质和气质二质。

③令名：美好的名声。

④休名：美好的名誉。

⑤劲智精理：智力强劲，精通事理。

⑥智直强悫 què：才智高而且诚实。悫，诚实。

⑦任名：指让人可以信赖的名声。

⑧端质：突出的品质。

⑨济：这里是形成的意思。

译文

什么是观察一个人突显的本质和气质，就可以得知各种各样的名声如何产生？凡是偏才的本性，本质和气质达到两种以上，就会相互影响突显出来，这样美好的名声就产生了。气质刚正能力强大，就会有功业的声誉。智力强劲精通事理，就会有贤能的声誉。才智高而且诚实就会产生可担责任的声誉。这些突显的品质集合在一起，就形成了高尚的品德。再加上学习，那么这个人的文化素养就会灿烂光辉。因此说观察一个人突显的本质和气质，就可以得知他各种各样的名声怎么产生。

何谓观其所由，以辨依似？夫纯讦性违[1]，不能公正。依讦似直，以讦讦善。纯宕似流[2]，不能通道。依宕似通[3]，行傲过节[4]。故曰：直者亦讦，讦者亦讦，其讦则同，其所以为讦则异。通者亦宕，宕者亦宕，其宕则同，其所以为宕则异。然则何以别之？直而能温者[5]，德也。直而好讦者，偏也。讦而不直者，依也。道而能节者，通也。通而时过者[6]，偏也。宕而不节者，依也。偏之与依，志同质违，所谓似是而非也。是故轻诺，似烈而寡信。多易，似能而无效。进锐[7]，似精而去速。诃者[8]，似察而事烦[9]。讦施[10]，似惠而无成[11]。面从，似忠而退违。此似是而非者也。亦有似非而是者。大权[12]，似奸而有功[13]。大智，似愚而内明。博爱，似虚而实厚。正言，似讦而情忠。夫察似明非，御情之反[14]，有似理讼[15]，其实难别也。非天下之至精，其孰能得其实？故听言信貌，或失其真。诡情御反[16]，或失其贤。贤否之察，实在所依。是故观其所依，而似类之质可知也。

注释

①纯讦 jié：专门指责别人的过错。讦，指攻击别人短处或者揭发别人隐私。

②纯宕 dàng：指气质放荡。

③依：好像，仿佛。
④行傲过节：行为傲慢超过节制。
⑤直而能温：刚直又能温和。
⑥通而时过：虽然明白了事理，可是已经时过境迁。
⑦进锐：急切地进取。锐，急迫。
⑧诃者：大声训斥别人。
⑨似察而事烦：看起来明白事理，事实上会让事情变得更加杂乱。
⑩讦施：这里是假意施与的意思。
⑪似惠而无成：看起来好像是在对别人施惠，事实上并无结果。
⑫大权：这里指掌握大权的人，即权臣。
⑬似奸而有功：看起来好像很奸诈，事实上是有功之臣。
⑭御情之反：用人情反复解释。
⑮理讼：审理诉讼。
⑯诡情御反：不能正确把握什么是虚诈不实的人情。

译文

什么是观察一个人行为依据的原则，来分辨他是否似是而非？专门指责别人过错、揭发别人隐私的人本性邪恶，无法公正。出于直率性格指责别人过错的人，也会用这种方法指责善良之人。本质和气质都放荡不受羁绊的人就像流水，无法明白道理。看起来放荡不羁的人似乎明白事理，可是他的行为倨傲没有节制。所以直率之人会指责别人的过失，专门指责别人的人也指责别人的过失，两者都是指责，但是他们指责的行为不同。通达之人放荡不受羁绊，放荡之人也是如此，两者都是放荡不羁，但两者放荡不羁的缘由不同。那么怎么分辨他们呢？刚直温润的人是有德之人。刚直却喜欢指责别人的人，这样的行为为偏。喜欢指责别人但本性又不直率的人，这种行为为依。用道义节制自己的人，明白事理。虽然通晓事理但时过境迁，这样的行为为偏。放荡而无节制，这样的行为为依。偏与依，表面相同但本质截然不同，这也是人们通常所说的似是而非。因此轻言承诺的人，似乎刚直果敢，但实际上缺乏诚信。经常轻视他人的人，似乎自己很有能力却一事无成。进取急切的人，看似精明能干，其实放弃得也很快。大声训斥别人的人，好像是要明辨道理，实际上只能使事物更加混乱。假装施惠的人，看似是施惠于别人实际上并没有结果。表面顺从的人，看起来很忠心但心里是相反的。这些都是所谓似是而非的现象。也有似非而是的现象。手握大权的朝臣，看起来好像奸诈，实际上是有功于朝廷的。有大智慧的人，看起来愚蠢迟钝，实际上内心清楚明白。广施仁爱慈善的人，看起来虚浮夸大，实际上厚重。率言相劝的人，看起来好像指责，实际上是忠诚的表现。审查类似的事情，明辨是非曲直，用人情不断地说明，就好似审理案件一样，委实是难以辨别的。除非是天底下最聪明精干的人，否则谁能够得到其本质的东西呢？因此说只听信一个人的言论而相信事物的表面，可能会失去真实的东西。什么是虚诈不实的人情？对这一点把握错误，也许会失去贤能之人。对贤能的考察，要看与贤能类似的情况。所以，要观察与之相似的东西，而类似的东西其本质都可以推而知之了。

何谓观其爱敬，以知通塞？盖人道之极[①]，莫过爱敬。是故《孝经》以爱为至德[②]，以敬为要道[③]。《易》以感为德[④]，以谦为道。《老子》以无为德[⑤]，以虚为道。《礼》以敬为本[⑥]。《乐》以爱为主[⑦]。然则人情之质，有爱敬之诚，则与道德同体，动获人心[⑧]，而道无不通也。然爱不可少于敬。少于敬，则廉节者归之，而众人不与[⑨]。爱多于敬，则虽廉节者不悦，而爱接者死之[⑩]。何则？敬之为道也，严而相离[⑪]，其势难久。爱之为道也，情亲意厚，深而感物。是故观其爱敬之诚，而通塞之理可得而知也。

注释

①极：极端，顶点。

②《孝经》：儒家经典之一。孔子的门生子弟所著，宣传孝道的一部著作。

③要道：重要的道理。

④《易》：《易经》，又叫《周易》，包括《经》和《传》两个部分，是儒家经典之一。

⑤《老子》：道家经典之一。相传是春秋时期的老聃

所著。

⑥《礼》：儒家经典之一，包括《周礼》《仪礼》和《礼记》。分别叙述了先秦的政治经济制度、上古的礼节仪式以及战国至汉初时期儒家学者关于各种礼仪论文的选集。

⑦《乐》：《乐经》，儒家经典之一，阐述了音乐的缘起、发展和社会功用。

⑧动：经常。

⑨与：参加。

⑩爱接者死之：接受爱的人甘愿为施与爱的人死。

⑪严而相离：严厉拘谨而导致相互远离。

译文

什么是观察一个人对他人的爱和敬，以此推知他与人交往时情感的通达或闭塞？为人之道的极点，不会超过爱和敬了。所以《孝经》将爱作为最高的道德准则，将敬作为为人之道的重要依据。《易经》将气感作为为人之德，将谦虚作为为人之道。《老子》将实行教化没有固定的方式作为道德标准，将寂寞无为作为众道之理论。《礼经》把敬作为做人的根本。《乐经》把爱作为主导。这些都表明人情的本性，如果有爱敬的诚心，则会与道德混为一体，常常捕获人心，那么就没有走不通的道路。但是爱不能够比敬少。如果爱比敬少了，那么清廉有气节的人会依附他，但群众就不会归附他。如果爱比敬多，虽然清廉而有节气的人可能不会喜欢他，但接受爱的人会心甘情愿地为施行爱的人去死。这是为什么呢？因为如果将敬作为做人之道的准则，人与人之间就会严肃拘束，相互远离，这样相处必定难以长久维持。而如果将爱作为做人之道的准则，那么人与人之间情意深厚，会在人群中产生感召。因此说观察一个人爱敬的诚心，就可以知道他为人处事通达或闭塞了。

何谓观其情机，以辨恕惑？夫人之情有六机：杼其所欲则喜[①]；不杼其所能则怨；以自伐历之则恶[②]；以谦损下之则悦；犯其所乏则婟[③]；以恶犯婟则妒；此人性之六机也。夫人情莫不欲遂其志，故烈士乐奋力之功，善士乐督政之训[④]，能士乐治乱之事，术士乐计策之谋，辩士乐陵讯之辞[⑤]，贪者乐货财之积，幸者乐权势之尤[⑥]。苟赞其志[⑦]，则莫不欣然。是所谓杼其所欲则喜也。若不杼其所能，则不获其志。不获其志，则戚[⑧]。是故功力不建，则烈士奋。德行不训[⑨]，则正人哀[⑩]。政乱不治，则能者叹。敌能未弭[⑪]，则术人思[⑫]。货财不积，则贪者忧。权势不尤，则幸者悲。是所谓不杼其能则怨也[⑬]。人情莫不欲处前，故恶人之自伐。自伐，皆欲胜之类也。是故自伐其善，则莫不恶也。是所谓自伐历之则恶也。人情皆欲求胜，故悦人之谦。谦所以下之，下有推与之意，是故人无贤愚，接之以谦，则无不色怿。是所谓以谦下之则悦也。人情皆欲掩其所短，见其所长。是故人驳其所短，似若物冒之[14]。是所谓驳其所乏则婟也。人情陵上者也，陵犯其所恶，虽见憎，未害也。若以长驳短，是所谓以恶犯婟，则妒恶生矣。凡此六机，其归皆欲处上。是以君子接物，犯而不校[15]。不校，则无不敬下，所以避其害也。小人则不然，既不见机，而欲人之顺己。以佯爱敬为见异[16]，以偶邀会为轻[17]，苟犯其机，则深以为怨。是故观其情机，而贤鄙之志可得而知也。

注释

①杼：通"抒"，抒发。

②历：越过。

③婟 hù：嫉恨。

④善士：有才德之人。

⑤辩士：巧言善辩的人。

⑥幸者：受宠的人，这里指宠臣。尤：错误，过失。

⑦赞：推荐，举荐。

⑧戚：悲哀，愁虑。

⑨德行不训：不遵从行为道德规范。训，通"顺"，遵从。

⑩正人哀：君子忧愁。

⑪弭 mí：消灭。

⑫思：这里指悲哀。

⑬怨：不高兴。

⑭似若物冒之：好像被东西覆盖住一样，感觉愤懑。

⑮犯而不校：虽然受到冒犯，却不拒绝。

⑯以佯爱敬为见异：把别人假装的喜爱敬佩当作是对自己特别的看待。佯，假装。

⑰以偶邀会为轻：把别人碰到自己才相邀看作是轻视自己。偶，碰到，遇到。

译文

什么是观察一个人的情感变化，以分辨他内心的宽容与困惑？人们的情感有六种主要表现：抒发内心的想法就愉快；没有特长或优势就幽怨；通过自我炫耀的方式超越别人会被讨厌；通过谦虚自损的方法将自己置于别人之下，就会让别人高兴；触犯到别人的不足之处就会遭人怨恨；自我夸耀自己的能力，侵犯别人的短处就会受到妒害。这些就是人们情感的六种主要表现。想让自己的志愿得以实现是人之常情，因此勇猛的人喜欢用勇力建立功业的环境，有高尚道德的人喜爱政治修明的环境，有才之人喜爱政治混乱的环境，有谋略之才的人喜欢能谋划策略的环境，能言善辩之人喜爱被君主垂询，贪婪之人喜爱聚财积货，受宠的大臣喜欢当权者犯过错。要推荐他们实现各自的志向，他们都会十分高兴。所表达的抒发了自己内心的想法就喜欢。如果不发挥他们的能力，他们就抑郁不得志。无法得志就会非常忧愁。因此，没有建功立业但有雄心壮志的人就会对无法施展其才能而感到愤怒。如果人们不遵守道德行为规则的话，正人君子就会对没能够实行教化感到哀伤。如果政治混乱没法治理，有能力的人就会感叹自己的才能没有被任用发挥。如果敌人的势力没有消弭，那么具有谋略的人就会因奇异的计谋没被采用而感到哀愁。如果没有积累钱财，那么贪婪的人就会产生担忧之感。如果有权势的人没有错误，那么受宠的大臣就会因为无法弄权感到难过。这些就是所说的没有发挥特长和能力而感到怨恨的情况。希望自己位居人前是人之常情，因此人们会对别人的自我炫耀感到厌恶。自我夸赞的人都是想要超越别人，所以如果一个人夸耀自己的长处，人们都会讨厌他。这就是所谓的通过自我夸赞的方法超越别人，会让别人产生厌烦。想要胜过别人是人之常情，因此大家都喜欢别人谦虚。谦虚的态度就是居于他人之下，居人之下的态度有推让别人的意思，所以不论贤良还是愚蠢的人，假如能用谦虚的态度对待他，那么没有人会表现出不高兴的样子。这就是所谓的通过谦虚自损的态度居于人下，别人就会产生喜悦感。想要把自己的不足掩盖起来、把自己的长处展现出来是人之常情。因此如果反驳对方的不足，就会让他感到愤懑，好像被东西覆盖住一样。这就是所谓的触犯他人的不足，就会使别人忌恨。人们都想超越比自己强的人，这是人之常情，在超越的时候自我夸赞虽然会被他人讨厌，却还没有到被别人忌恨的程度。但是如果用自己的优势去反驳他人的缺点，这就是所谓的自夸触犯别人的短处就会受到忌恨。大凡这六种感情，归根到底全都是想要居于他人之上。因此君子待人接物，采取虽然受到冒犯却不拒绝的态度。不拒绝就不会不敬，所以能够避免他人的忌恨。小人就不是这样。他们不明白人性的六种感情，却想要别人顺从他们，他们将人们假装的爱敬看作是对自己特殊的待遇，把别人因偶然相遇而发出的邀请当作是轻视自己。如果冒犯了他们的短处，就会使他们产生深深的怨恨。考察人们情感变化的缘由，就可以知道他内心善良或卑鄙了。

何谓观其所短，以知其长？夫偏材之人，皆有所短。故直之失也，讦。刚之失也，厉。和之失也，懦。介之失也，拘。夫直者不讦，无以成其直，既悦其直，不可非其讦，讦也者，直之征也。刚者不厉，无以济其刚，既悦其刚，不可非其厉，厉也者，刚之征也。和者不懦，无以保其和，既悦其和，不可非其懦，懦也者，和之征也。介者不拘[1]，无以守其介，既悦其介，不可非其拘，拘也者，介之征也。然有短者，未必能长也。有长者，必以短为征。是故观其征之所短，而其材之所长可知也。

注释

①介：这里指特殊而独有的行为节操。拘：拘束，拘泥。

译文

什么是观察一个人的不足之处，以此了解他的优势所在？偏才的人，他们的性情有自身的不足之处。因此正直容易产生揭露别人短处的过失。刚强容易产生过于严厉的过失。温和容易产生软弱的过失。独特的节操容易产生拘泥的过失。可是如果刚直却不揭露别人的不足，就不能够成就刚直的性子，既然喜爱刚直的性子，则不能否定刚直之人对别人不足之处的揭露，揭露别人的不足，就是刚直的特性。刚强而不严厉，不能成就刚强的性子，既然喜爱刚强的性子，则不能否定刚强之人对他人的严厉，对人严厉就是刚强的特质。温和而不软弱，就无法保持他的温和之性，既然喜爱温和之人的性子，就不能否定他的软弱，软弱是温和之人的特性。有独特节操的人却不拘泥，那么他就无法保持他的节操，既然喜爱节操之人的性子，就无法否定他的拘泥，拘泥是独特节操的特质。这就是说有不足之处的，不一定也具有长处。有长处的，必定有不足作为特质。因此观察人们特征的不足之处，就能够了解他才能的优势了。

何谓观其聪明，以知所达？夫仁者，德之基也。义者，德之节也[①]。礼者，德之文也[②]。信者，德之固也[③]。智者，德之帅也[④]。夫智出于明。明之于人，犹昼之待白日，夜之待烛火。其明益盛者[⑤]，所见及远，及远之明难[⑥]。是故守业勤学，未必及材。材艺精巧，未必及理。理义辩给，未必及智。智能经事，未必及道[⑦]。道思玄远，然后乃周。是谓学不及材，材不及理，理不及智，智不及道。道也者，回复变通。是故别而论之:各自独行，则仁为胜。合而俱用，则明为将。故以明将仁，则无不怀[8]。以明将义，则无不胜。以明将理，则无不通。然则苟无聪明，无以能遂。故好声而实，不克则恢[9]。好辩而理，不至则烦，好法而思，不深则刻[10]。好术而计，不足则伪。是故均材而好学[11]，明者为师。比力而争，智者为雄。等德而齐，达者称圣。圣之为称，明智之极名也。是以观其聪明，而所达之材可知也。

注释

①德之节者：调整道德的东西，这里指把道德调整到合适的程度。节，在数量、程度上进行调节，使符合标准。

②文：事物错综造成的纹理。

③固：坚持。

④帅：指起主导作用的人或事。

⑤益：愈发，更加。

⑥及：达到。

⑦道：这里指事物发展的根本规律。

⑧怀：使降顺。

⑨不克则恢：不能达到那么就不符合实际。克，制服，战胜。恢，这里指不合实际。

⑩刻：形容程度深。

⑪均材：素质才能相等。

译文

什么是观察一个人的聪明程度，以此了解他所达到的标准？所谓仁，是道德的基础。所谓义，是道德的调节器。所谓礼，是修饰道德使之更加美丽的纹饰。所谓信，是道德所坚持的东西。所谓智，是道德中占有主导作用的东西。明生智，明对于人们来说，正如白天是依靠太阳而生成，夜晚依靠烛光而明亮一样。光明越盛，所照耀的地方越远。但是能够照到远处的明亮是很难达到的，因此勤俭治学、努力奋斗，不一定能够成才。才艺精细巧妙，不一定能达到深层次的道理。可以滔滔不绝地述说义理，不一定能够达到智的程度。有可以成就功业大事的智慧，不一定能够掌握万物的根本规律。只有掌握了万物的根本规律，才能够深入地思考，然后才能够把事情办得完善周全。这就是所谓的成才比学习更加深远，知理比成才更加深远，智慧比知理更加深远，掌握事物的根本规律比智慧更加深远。只有掌握事物的根本规律，才能够使反复变化的事物融会贯通。因此如果分别论述，从它们各自单独运行的角度来说，仁是最重要的。但如果把各方面结合起来考虑，明就成为起主导作用的东西了。所以一个人如果用明来统率仁，则没有人不依附归顺他。如果用明来统领义，则会战无不胜。假如用明来率领理，则会无所不通。这就是所谓的如果没有聪明，就会失去通往成功的道路。因此说喜爱名声而又符合实际，如果达不到就是不符合实际。喜爱言辩而又知晓道义，如果达不到就是言辞繁杂不能够切中主旨。喜爱遵循法律而进行思考，如果思考达不到深度就是苛刻。喜爱谋略又能谋划计策，如果达不到这样就是欺诈诡谲。因此素质才干相差无几而又聪明好学的人称为老师。力量相差无几而相互争斗，有智慧的人成为胜利者。道德水平相若，通达的人称为圣贤。圣贤的称呼，是对极其明智的人而说的。因此观察一个人的聪明程度，就能够知道他能够达到什么样的人才标准。

七缪第十

七缪[1]：一曰察誉有偏颇之缪[2]，二曰接物有爱恶之惑[3]，三曰度心有大小之误[4]，四曰品质有早晚之疑[5]，五曰变类有同体之嫌[6]，六曰论材有申压之诡[7]，七曰观奇有二尤之失[8]。

注释

①缪：错误，谬误。

②察誉：审察声誉。

③爱恶之惑：受个人爱恶之感迷惑。

④度心：考察心志。

⑤早晚：这里指人们智力发展得早或迟。

⑥变类：分辨人才的类别。同体：这里指同才之人。

⑦申压之诡：名声消长的反向运动。诡，相反，反向。

⑧二尤：尤虚和尤妙。后文有专门论述。

译文

七种谬误是：第一，考察他人的名声时会出现偏颇；第二，待人接物时会受到个人喜恶之感的迷惑；第三，考察心志时会有对他人素质中智与明大小判断的偏差；第四，审查他人的素质时会有不了解智力发展早迟的疑惑；第五，分辨人才的类别时会在同才异势之间猜测；第六，在评论贤才时会有名誉消长的反向运动；第七，观察奇才时有认识尤妙之才和尤虚之才的偏颇。

夫采访之要[1]，不在多少。然征质不明者[2]，信耳而不敢信目。故人以为是，则心随而明之。人以为非，则意转而化之[3]。虽无所嫌，意若不疑[4]。且人察物，亦自有误。爱憎兼之，其情万原[5]。不畅其本，胡可必信[6]？是故知人者，以目正耳。不知人者，以耳败目[7]。故州闾之士[8]，皆誉皆毁，未可为正也。交游之人誉不三周[9]，未必信是也。夫实厚之士[10]，交游之间，必每所在肩称[11]。上等援之[12]，下等推之，苟不能周，必有咎毁[13]。故偏上失下，则其终有毁。偏下失上，则其进不杰[14]。故诚能三周，则为国所利。此正直之交也。故皆合而是[15]，亦有违比[16]。皆合而非，或在其中。若有奇异之材，则非众所见。而耳所听采，以多为信[17]。是缪于察誉者也。

注释

①采访：搜集寻访。

②征：外在的特征。质：内在的品质。

③意转而化之：自己的观点改变，发生转化。意，看法，观点。

④意若不疑：心里哪能不怀疑。意，这里指心里。若，哪儿能。

⑤万原：即万源。
⑥胡：怎么。
⑦败目：扰乱视察。败，打扰，扰乱。
⑧州间：古代的基层行政单位。
⑨三周：多次成就事情。三，虚指多。周，指将事情做成。
⑩实厚：敦厚实在。
⑪每所在肩称：指每次都受到所在地方的赞扬。
⑫援：推举，推荐。
⑬毁：通“悔”。
⑭杰：杰出，出类拔萃。
⑮皆合而是：都是迎合着肯定。合，迎合。是，肯定。
⑯违比：指违背正直，拉帮结派。
⑰以多为信：听信大多说人所说的。

译文

搜集寻访人才的重要之处，不是在于听到多少人才的情况。但是看不到别人外在特征和内在品质的人，经常相信耳朵而不是眼睛。因此当别人认为应当肯定的时候，他就会追随，相信并且认为自己审视得很正确。当别人觉得应该否定的时候，他就会转变自己的看法而与别人一致。相信别人毁誉的人从内心与被毁誉之人未生嫌隙，但听到别人的毁誉怎么可能没有怀疑？何况人们对事情的审察，本来就有很多不正确的地方。又加之外界爱憎感情的扰乱，所产生的疑惑就更多了。这样的考察从根本上就出现了问题，又怎么能够相信且不产生怀疑呢？因此有知人之能的人，能够用他所看到的事情去纠正所听到的。没有知人之能的人，经常被听到的事情扰乱。所以在县乡生活的人们，通常全都受到赞美或者诋毁，这都不一定是准确的。所来往的人如果不是多次让他做成事情，就未必一定要信任他。敦厚实在的人，在与别人交往的时候，一定经常得到所在地方人们的称赞。上面的人选拔他，下面的人举荐他，如果他没能办成事情，那么上面和下面的人一定会后悔。因此倚重上层而失去了下层的赞扬，那么结果必然遭到毁谤。如果偏向倚靠下层而丧失了上层的重视，那么他就无法进身到突出的地位。所以若能够让他多次办成事情，就会对国家产生利处。这是正直的交际往来。因此如果对某人全部迎合肯定，就会产生违背正直、拉帮结派的嫌疑。如果全部否定他，他反而有可能是个卓尔不群的人。奇异的人才，不是一般人可以发现的。而相信耳朵所听到的，是只听信别人所说的、人云亦云的做法。这是考察他人名誉时所产生的误区。

夫爱善疾恶，人情所常。苟不明质，或疏善、善非[①]。何以论之？夫善非者，虽非犹有所是[②]。以其所是，顺己所长，则不自觉情通意亲[③]，忽忘其恶。善人虽善，犹有所乏。以其所乏，不明己长[④]。以其所长，轻己所短，则不自知志乖气违[⑤]，忽忘其善。

是惑于爱恶者也。

注释

①疏善：疏远良善之人。善非：认为错的是对的。

②犹：还。

③情通意亲：情感相通，心意亲近。

④不明己长：不清楚自己的优势、长处。

⑤志乖气违：志趣相异。

译文

喜爱真善的东西讨厌丑恶的东西，是人之常情。可是如果认识不清他人的本性，可能会疏远美好的、亲近错误的。为什么会这么说呢？那些认为错的是对的的人，即使有很多的不对，也存在对的地方。因为对方若存在对的地方，又与自己擅长的相应和，就会造成不自觉的感情相通、情意亲近，从而忽视了丑恶的一面。善良的人虽然有很多优点，但是也有不足之处。由于他存在不足，而这些不足又与自己的优点不同，就认不清自己的优点。由于善良之人的优点，忽视了自己的缺点，就会不自觉地与他志趣相异，忽视并忘记他们的善美。这就是在审视人才时被自己喜爱与厌恶的感情迷惑所导致的状况。

夫精欲深微[①]，质欲懿重[②]，志欲弘大，心欲嗛小[③]。

精微，所以入神妙也。懿重，所以崇德宇也[4]。志大，所以戡物任也[5]。心小，所以慎咎悔也。故《诗》咏文王[6]，“小心翼翼”[7]，“不大声以色”[8]，小心也。“王赫斯怒”[9]，“以对于天下”[10]，志大也。由此论之，心小志大者，圣贤之伦也。心大志大者，豪杰之隽也。心大志小者，傲荡之类也[11]。心小志小者，拘懦之人也[12]。众人之察，或陋其心小[13]，或壮其志大[14]，是误于小大者也[15]。

注释

①精：精神。

②懿：美好的样子。重：厚重的样子。

③嗛小：谦虚谨慎的样子。嗛，通“谦”。

④崇：加大，增添。德宇：这里指气度。

⑤戡：通“堪”。

⑥文王：即周文王。

⑦小心翼翼：恭谨慎重的样子。出自《诗经·大雅·大明》。

⑧不大声以色：不放纵于声色犬马。出自《诗经·大雅·皇矣》。

⑨王赫斯怒：周文王勃然大怒。出自《诗经·大雅·皇矣》。

⑩以对于天下：指天下四方安乐。出自《诗经·大雅·皇矣》。

⑪傲荡：倨傲放荡。

⑫拘懦：拘谨懦弱。

⑬陋：看不起，鄙视。

⑭壮：这里指赞美，嘉许。

⑮小大：指心志的大小。

译文

精神要深沉微妙，素质要美好厚重，志向要弘阔远大，胸怀要谨慎谦虚。细致精微，才能够达到奇妙美好的境地。美好厚重，才能够增加气度。远大志向，才能够承担重大的责任。谨慎小心，才能够防范过失悔恨。因此《诗经》颂扬周文王，“小心翼翼”，“不大声以色”，这是说他的小心翼翼。“王赫斯怒”，“以对于天下”，这是说他有远大的志向。依此来说，心小志大的人，是圣贤之类。心大志大的人，是豪杰中的俊秀之材。心大志小的人，是傲慢放荡的一类人。心小志小的人，是拘谨羸弱之类。大部分人对人才的考察，或者鄙夷被考察之人的心小，或者赞扬被考察之人的心大，这些都是因为对心志大小的判断错误而形成的。

夫人材不同，成有早晚。有早智而速成者，有晚智而晚成者，有少无智而终无所成者，有少有令材遂为隽器者[①]。四者之理，不可不察。夫幼智之人，材智精达，然其在童髦皆有端绪[②]。故文本辞繁[③]，辩始给口[④]，仁出慈恤[⑤]，施发过与[⑥]，慎生畏惧[⑦]，廉起不取[8]。早智者浅惠而见速[9]，晚成者奇识而舒迟[10]，终暗者并困于不足[11]，遂务者周达而有余[12]。而众人之察，不虑其变，是疑于早晚者也[13]。

注释

①令材：好的人才。隽器：这里指杰出的才士。

②童髦 máo：指孩童时期。髦，指古代孩童的一种发式，这里代指孩童时期。

③文本辞繁：儿童时期掌握的词汇丰富，长大后有文采。

④辩始给口：儿童时期有流利的口才，长大后擅长论辩。

⑤仁出慈恤：儿童时期仁慈，帮助别人，长大后会同情困难之人。

⑥施发过与：儿童时期常把自己的东西赠予别人，长大后会乐于施与。

⑦慎生畏惧：儿童时期胆小怕事，长大后会比较谨慎。

⑧廉起不取：儿童时期不轻易要别人的东西，长大后会比较清廉。

⑨浅惠而见速：看到一些浅显的小事就能够迅速地从神态中表现出来。

⑩奇识而舒迟：智力反应比较迟缓，但是能够识辨其妙。

⑪终暗：指一辈子糊涂愚昧。

⑫遂务：指事业顺心。

⑬早晚：智慧发展的迟早。

译文

每种人才都各不相同，他们成才有早迟之分。有些人因为智力发展成熟比较早而快速成才，有些人由于智力发展成熟比较晚而大器晚成，有些人从小就没有智慧从而一生没有成才，有些人从小就是良才从而后来成为杰出的人。这四个方面的道理，不能不考虑。从小有智慧的人，才智聪明通达，这在他儿童时期就能够表现出来。因此儿童时期掌握丰富的词汇，长大后就会有文采；儿童时期有流利的口才，长大后就会擅长辩论；儿童时期仁慈帮助别人，长大后就会同情有困难的人；儿童时期胆小怕事，长大后会谨慎小心；儿童时期不轻易要别人的东西，长大后会比较清廉。智力早熟的人看到一点儿小事情就可以从神态中表现出来，大器晚成之人智力发展虽然缓慢但能够认识事物精妙的地方，一生糊涂愚昧的人在许多事情上都会因才力不够而窘困，事业一帆风顺的人应对什么事情都游刃有余。而一般人对人才的考察，不考虑这些变化，这是在智力成熟早晚方面的疑惑。

夫人情莫不趣名利①，避损害。名利之路，在于是得②。损害之源，在于非失③。故人无贤愚，皆欲使是得在己。能明己是，莫过同体④。是以偏材之人，交游进趋之类⑤，皆亲爱同体而誉之，憎恶对反而毁之[6]，序异杂而不尚也[7]。推而论之，无他故焉。夫誉同体，毁对反，所以证彼非而著己是也[8]。至于异杂之人，于彼无益，于己无害，则序而不尚。是故同体之人，常患于过誉，及其名敌[9]，则尠能相下[10]。是故直者性奋，好人行直于人[11]，而不能受人之讦。尽者情露[12]，好人行尽于人[13]，而不能纳人之径[14]。务名者乐人之进趋过人[15]，而不能出陵己之后[16]。是故性同而材倾，则相援而相赖也。性同而势均，则相竞而相害也。此又同体之变也。故或助直而毁直，或与明而毁明，而众人之察不辨其律理[17]，是嫌于体同也[18]。

注释

①趣：通"趋"，趋赶，追逐。

②是得：做得对并且有所得。

③非失：与"是得"相反，指做错事且有所失。

④同体：这里指同类人。

⑤进趋：追逐，追求。

⑥对反：相反。

⑦序异杂而不尚：将异杂的人排在不崇尚也不憎恨的位置。

⑧著：证明，表明。

⑨名敌：名望声誉不相上下。

⑩尠 xiǎn：通"鲜"，少。

⑪好 hào 人行直于人：喜欢行为刚直的人。

⑫尽者：有什么说什么。者，语气词，无实际意义。
⑬好 hào 人行尽于人：喜欢坦率直言的人。
⑭不能纳人之径：无法接受别人对自己坦率直言。
⑮乐人之进趋过人：喜欢追求超越别人的人。
⑯不能出陵己之后：无法处于比自己厉害的人之后。
⑰律理：规律道理。
⑱嫌：迷惑怀疑。

译文

趋名逐利、躲避祸害是人之常情。获取名利的途径，在于做得正确并且能够有所获得。受到损害的缘由，是做错事情而且有所损失。因此人们无论是贤能还是愚昧，没有不想让自己做得正确且有所获得的。最能了解自己长处的，就是与自己一类的人。因此偏才之人，所交际寻求的人，没有不是与自己关系亲密的同类人并且加以称赞，厌恶与自己对立相反的人并且加以诽谤，将异杂的人排在不崇尚也不憎恨的位置上。由此推之，没有别的原因，赞扬同类的人，诽谤异类的人，都是为了证明别人错误而自己正确。至于对自己既不同类又非异类的异杂之人，对他人没有利处，对自己也没有危害，就既不憎恨也不崇尚。因此同类的人，经常出现过分称赞他人的问题，至于名声旗鼓相当的人，能够相互谦让的则很少。所以性情刚直的人奋发向上，喜爱行为刚直的人，却不喜爱别人指责自己的过错。坦诚率真的人，有什么说什么，喜爱对他人率直尽言的人，却无法接受他人对自己直率坦言。努力追逐声誉的人，喜爱进取超越他人，却无法处于比自己好的人之后。因此性情相似但能力有差距的人，就会相互举荐依赖。性情相似且能力相近的人，则会产生竞争残害。这也是同类人之间关系的变化。所以有的人对正直既扶助又诽谤，有的人对明智既赞扬又诬蔑，但一般人考察人才不会去辨别其间的规则和道理，这就是辨别同类人才的疑虑。

夫人所处异势，势有申压。富贵遂达，势之申也。贫贱穷匮，势之压也。上材之人，能行人所不能行。是故达有劳谦之称①，穷有著明之节②。中材之人，则随世损益③，是故藉富贵则货财充于内，施惠周于外。见赡者④，求可称而誉之。见援者，阐小美而大之。虽无异材，犹行成而名立⑤。处贫贱，则欲施而无财，欲援而无势。亲戚不能恤，朋友不见济。分义不复立⑥，恩爱浸以离⑦。怨望者并至⑧，归罪者日多。虽无罪尤，犹无故而废也⑨。故世有侈俭，名由进退⑩。天下皆富，则清贫者虽苦，必无委顿之忧⑪。且有辞施之高⑫，以获荣名之利。皆贫，则求假无所告⑬，而有穷乏之患，且生鄙吝之讼⑭。是故钧材而进有与之者⑮，则体益而茂遂⑯。私理卑抑有累之者⑰，则微降而稍退⑱。而众人之观，不理其本，各指其所在，是疑于申压者也。

注释

①劳谦：勤劳谦虚。

②著明之节：有光明磊落的气节。

③随世损益：随着世情的变化而有所增减。

④见赡 shàn 者：受到救济的人。

⑤行成而名立：行动成功而名誉建立。

⑥分义不复立：情分消失不再建立。

⑦浸：逐渐地。

⑧怨望者：怨恨满腔的人。

⑨无故而废：无缘无故被废黜。

⑩名由进退：世情决定声誉的高低。

⑪委顿：又为萎顿，指精神不济，衰弱。

⑫辞施：推辞施给。

⑬求假 jiǎ：请求借贷。假，借。

⑭鄙吝：过分吝啬财物。

⑮钧材而进有与之者：财富收入和别人一样且还有人给予。钧，通“均”。

⑯体益而茂遂：这里指美名建立，万事顺心。

⑰私理卑抑有累之者：自己的管理衰弱卑下又拖累别人。私，自己。抑，又。

⑱稍：逐渐地。

译文

人们所处的情况和趋势是不一样的，情势有伸张和压抑的区别。富有显达，是情况和趋势的伸张。贫贱穷困，是情况和趋势的压抑。优等人才，能够做到别人做不到的事情。因此他们富有显达时有勤劳恭谦的美誉，贫贱穷困时有磊落光明的气节。中等人才，则会随着时事的变化而有增减的变化。因此他们依靠显富地位在家内充满财物，在外面施惠于人。受他救济的人，寻找他可以称赞的地方并赞扬他。受他提拔推荐的人，把他的一点儿优点不断地阐释放大。因此他们虽然没有什么特殊的才能，却可以做事成功取得名声。处于贫困地位的人，想布施他人却没有财物，想推荐提拔他人却没有权势。亲戚无法得到帮助，好友无法得到救助。情分不再，恩爱逐渐疏远。埋怨的人一起来到，问罪的人逐渐增多。他虽然没有什么罪恶和过失，但还是会无故地被罢黜。因此时世有扩大有缩减，而名誉也因此或低或高。如果天下百姓都富裕，那么其中贫苦的人即使贫苦，也肯定没有衰弱困病的忧虑，而且还有推辞受施的高誉，因此获得荣誉美名的利处。如果天下百姓都穷困，就会没有地方请求借贷，因而有贫困穷乏的患害，并且会产生过分爱惜钱财的控诉。因此钱财和他人一样多并且还有人施与，就会形成美名，万事顺利。自己的管理经营衰弱卑微且又有拖累之人，地位就会逐渐下降。但一般人在观察这一问题时，不晓得这个问题的本质，只能看到问题的表面现状，这就是在情势伸张与压抑上的困惑。

夫清雅之美，著乎形质，察之寡失。失缪之由[1]，

恒在二尤。二尤之生，与物异列[2]。故尤妙之人，含精于内，外无饰姿。尤虚之人，硕言瑰姿[3]，内实乖反。而人之求奇，不可以精微测其玄机，明其异希[4]。或以貌少为不足，或以瑰姿为巨伟，或以直露为虚华，或以巧饰为真实。是以早拔多误[5]，不如顺次[6]。夫顺次常度也。苟不察其实，亦焉往而不失？故遗贤而贤有济[7]，则恨在不早拔[8]。拔奇而奇有败，则患在不素别[9]。任意而独缪，则悔在不广问。广问而误己，则怨己不自信。是以骥子发足[10]，众士乃误。韩信立功，淮阴乃震[11]。夫岂恶奇而好疑哉！乃尤物不世见[12]，而奇逸美异也。是以张良体弱，而精强为众智之隽也。荆叔色平[13]，而神勇为众勇之杰也。然则隽杰者，众人之尤也。圣人者，众尤之尤也。其尤弥出者[14]，其道弥远。故一国之隽，于州为辈[15]，未得为第也[16]。一州之第，于天下为椳[17]。天下之椳，世有优劣[18]。是故众人之所贵，各贵其出己之尤，而不贵尤之所尤。是故众人之明，能知辈士之数[19]，而不能知第目之度[20]。辈士之明，能知第目之度，不能识出尤之良也。出尤之人，能知圣人之教，不能究入室之奥也[21]。由是论之，人物之理，妙不可得而穷已。

注释

①缪：谬误，错误。

②与物异列：与一般的人相异。

③硕言瑰姿：言辞夸大不实，姿态瑰丽雄伟。
④明其异希：明白他的奇异稀少。
⑤早拔多误：提拔早熟之人而多产生失误。
⑥顺次：依照次第顺序。
⑦遗贤而贤有济：把贤才遗漏，但贤才有成功的表现。济，成功。
⑧恨：这里是遗憾的意思。
⑨素别：事先识别。素，这里指事先，预先。
⑩骥子发足：好马努力疾奔。这里表示贤才展示了自己的才能。
⑪淮阴：古代县名，在现在的江苏省淮阴市西南。
⑫世见 xiàn：每世都出现。见，出现，显现。
⑬荆叔：即荆轲。战国时期卫国人，后为燕国太子丹刺杀秦王，未遂，被秦王杀死。
⑭弥 mí：越。
⑮于州为辈：放在州里相比较。辈，比类，比较。
⑯第：门第，品第。
⑰椳 wēi：门枢，门扇的转轴，这里指门户。
⑱世有优劣：每一朝代的英才都有优劣之分。
⑲辈士之数：国家人才的数量。
⑳第目：门第，品第。
㉑入室：进入室内，这里引申为学问技艺达到一定的高度。

译文

廉洁高雅的美好品德，在人们的外貌和气质上有明显的表现，因此考察起来失误很少。审视人才犯错的缘由，常常是在对尤妙和尤虚的考察上。尤妙和尤虚的出现，与一般人是不同的。因此说尤妙的人，内在精明强干，但不修饰自己的外形。尤虚的人，外表上言辞夸张姿态瑰丽，但内在实际上与外在相悖。但一般人在寻找奇异人才之时，无法精微细致地观察到其中深奥玄妙的道理，无法懂得奇异之才的奇异和稀缺。有人看到人才外表不好就认为他有不足之处，有的人看到其外表容貌有魅力就觉得他是伟岸的人物，有的人把坦率直白当作华而不实，有的人把矫揉粉饰当作真诚实在。所以因提拔早熟之人而出现较多失误，不如按照正常的次序选用。以正常的次序提拔选用人才，是选拔人才的正常规律。如若不审察一个人的实际才干，能够到哪儿找出不失误的方法呢？因此遗忘了贤能之人，而贤能之人又有成功的表现，就会产生没能早点提拔他的遗憾。如果推荐提拔了奇才，而奇才却不能建功，那么就会产生事先未曾分辨的忧虑。因此凭借主观意愿随心所欲，从而出现独断专行的错误，就会产生没有广泛征求意见的悔意。如果广泛征询意见却又耽误了自己，就会怨恨自己没有自信。因此优良的人才彰显了自己的才能，众人才会感到自身不识人才的错误。韩信建立功业后，淮阴的黎民百姓才受到震撼。这些怎么能归结为人们讨厌奇才而喜欢犹疑不定呢？这是因为杰出的人物并非每个朝代都会出现，他们的奇特不凡与众人相异。因此张良身体纤弱，可是他的精明能干在大多数智者中是超出众人的。荆轲神色安和，可是他的勇气在大多数勇士中是出类拔萃的。这是说杰出人才是在众人中表现突出的。所谓圣人是这些杰出人才中更突出的。他们的优秀才能越突显，就越有前途。因此一个郡国中的杰出之人，把他放到州里比较，不一定能够进入品级。州中能够进入品第的杰出之人，是国家的栋梁之材。国家的栋梁之材，每一代都不相同。因此普通人所看重的，是看重人才比自身突出的才干，而不是看重杰出人才中的佼佼者。因此普通人的明智，在于能够知晓郡国里人才的多少，但无法知晓他们的品级。以郡国人才的明智，能够知晓品第，却无法识别最为突出的人才。最突出的人才，能够了解圣人的教诲，却无法明白圣人的学问为什么能够到达如此高的层次。总而言之，关于鉴识人才的道理，其玄妙之处是无法完全认识的。

效难第十一

盖知人之效有二难[1]。有难知之难，有知之而无由得效之难[2]。何谓难知之难？人物精微，能神而明[3]，其道甚难，固难知之难也。是以众人之察，不能尽备。故各自立度[4]，以相观采[5]。或相其形容，或候其动作[6]，或揆其终始[7]，或揆其儗象[8]，或推其细微，或恐其过误，或循其所言，或稽其行事[9]。八者游杂，故其得者少，所失者多。是故必有草创信形之误[10]，又有居止变化之谬[11]。故其接遇观人也，随行信名[12]，失其中情[13]。故浅美扬露[14]，则以为有异。深明沉漠[15]，则以为空虚。分别妙理，则以为离娄[16]。口传甲乙[17]，则以为义理[18]。好说是非，则以为臧否。讲目成名[19]，则以为人物。平道政事[20]，则以为国体。犹听有声之类，名随其音。夫名非实，用之不效。故曰：名犹口进[21]，而实从事退。中情之人[22]，名不副实[23]，用之有效。故名由众退，而实从事章[24]。此草创之常失也。故必待居止，然后识之。故居视其所安[25]，达视其所举，富视其所与，穷视其所为，贫视其所取，然后乃能知贤否。此又已试，非始相也[26]。所以知质，未足以知其略[27]。且天下之人，不可得皆与游处。或志趣变易，随物而化。或未至而悬欲[28]，或已至而易顾[29]；或穷约而力行[30]，或得志而从欲[31]。此又居止之所失也。由是论之，能两得其要，是难知之难。

注释

①知人之效：了解人才并且获得成效。二难：两种困难。

②无由得效：没有获得效果的途径。

③能神而明：即“欲入其神，而明其智”，深入他人的内心世界而了解他的才能。

④各自立度：各自确立自己的规则、标准。度，规则，标准。

⑤以相观采：以此观察、使用人才。相，一方对另一方采取的动作。

⑥候：观察，审视。

⑦揆 kuí：揣度。

⑧揆其儗 nǐ 象：揣度拟想中的形象。儗，同“拟”，拟想。

⑨稽其行事：审察他所做的事情。稽，考察。

⑩草创信名：草率地相信外表形貌。草创，草率。

⑪居止变化：职位的变化与内心不一致。

⑫随行信名：轻易地相信他的行为声誉。

⑬中情：内心里的真实情况。

⑭浅美扬露：心智浅显，表露无遗。

⑮深明沉漠：心智深沉，内心明白不外露。

⑯离娄：古代传说中视力极佳的人。

⑰口传甲乙：勉强地分等级。

⑱义理：道理。

⑲讲目成名：勉强地分别人的贤能和愚昧。

⑳平道政事：随口胡说政事。

㉑名犹口进：声誉通过众人之口得到宣扬。

㉒中情之人：内心有真正智慧的人。

㉓名不副实：有真正智慧之人的名气和实际不相符的情况。

㉔实从事章：做事情效果明显而声名显扬。

㉕居视其所安：没做官的时候看他安心于什么。居，指赋闲在家。

㉖始相：仅用眼睛看。

㉗未足以知其略：不足以认识他所采取的方略。

㉘未至而悬欲：还没有达到志向就因诱惑而改变。悬，指诱惑。

㉙已至而易顾：志向已经达到，却又发生变化。

㉚穷约而力行：贫困却努力行动。穷约，贫穷，贫贱。

㉛从 zòng 欲：纵欲。从，同“纵”。

译文

认识人才并且获得成效有两个困难。一个是认识人才本身的困难，一个是认识人才却没有获得成效的途径的困难。什么是认识人才本身的困难呢？人们的才智是没有形状，精妙奇怪的，可以深入人才的内心世界进一步了解他的智力，这本身就是一件十分困难的事情，因此说认识人才本身就是非常困难的事情。所以一般人考察人才的方法不可能是完善的。所以各自确定了自己的准则，以此来观察、使用人才。有些人看人的外表，有些人审察人的举动，有些人揣度别人的出发点是对是错，有些人忽视他人的过错，有些人听取他人的言谈，有些人审视他人做事的成效。上述八种做法是混乱没有章法的，所以在审察任用人才上得到者少，失去者多。因此必定会产生草率地相信外表的过失，也会产生所用人才地位或职务的改变与内心不一致的错误。因为他结识、观察人才的时候，轻易地相信他的行为声誉，不掌握他内心的实际状况，因此一个人心智浅显外露，却会被认为是不同于常人。一个人心智深沉，内心明白不显露，却会被认为是空洞无物。一个人喜好作奇谈妙论，却会被认为是刻镂分明。一个人勉强地分别事物的类别等级，却会被认为是精通道理。一个人随意评说是非，却会被认为是懂得善恶。一个人勉强地分辨他人的贤愚，却会被认为是善于了解人。一个人胡乱谈说政事，却会被认为是国家的栋梁之材。名不副实，就不会产生人们预先期望的效果。因此说：声誉通过众人之口宣扬，而实际上却因为事实而下降。内心真正具有智慧的人，名气和实际也不相称，但任用他们就可以取得效用。因为众人不了解而可能使名声减退，可事实上却因做事成效显扬而声誉彰显。这些都是草率审视人才而常有的过失。因此说一定要观察行为，才能认识他人的才能。故此在他赋闲在家的时候看他安心于什么，在他当官之后看他推举的人，在他富有的时候看他施与别人的东西是多是少，在他穷困的时候看他的所作所为，在他贫穷的时候看他索要的途径是否正当，通过这一系列的审察才能够知晓他是否贤能。这样是通过考察知晓他人，而不是仅靠眼睛看。所以知晓一个人的本质，还不足以获得他所采取的方略。何况天下之人，无法与他们全部交往相处。有些人的志向随着事物的变化而改变。有些人的志向还没达到就因诱惑而改变，有些人的志向已经达到却又发生了改变；有些人身处贫贱却努力行动，有些人得志之后纵欲而行。这些是审察人才却未顾及情况的变化而产生的过失。由此而论，审察人物既要了解他的性情，又要考察他的改变，这两个方面都要做到，是知人的难处所在。

何谓无由得效之难？上材已莫知[①]，或所识者在幼贱之中[②]，未达而丧[③]。或所识者未拔而先没[④]。或曲高和寡，唱不见赞[⑤]。或身卑力微，言不见亮[⑥]。或器非时好[⑦]，不见信贵。或不在其位，无由得拔。或在其位，以有所屈迫[⑧]。是以良材识真[⑨]，万不一遇也。须识真在位[⑩]，识百不一有也。以位势值可荐致之[⑪]，宜十不一合也[⑫]。或明足识真，有所妨夺[⑬]，不欲贡荐[⑭]。或好贡荐，而不能识真。是故知与不知，相与纷乱于总猥之中[⑮]。实知者，患于不得达效，不知者，亦自以为未识。所谓无由得效之难也。故曰知人之效，有二难。

注释

①上材已莫知：上等人才已经无法辨知。

②幼贱之中：指还没有显扬的时候。

③达：显达。

④没 mò：通“殁”，死。

⑤唱不见赞：所唱不能让别人赞美。

⑥亮：信任，相信。

⑦器非时好：才干不是当权者喜好的。器，才干。

⑧屈迫：受到压迫。

⑨良材识真：优秀的人才遇到真正赏识他的人。

⑩须识真在位：等到赏识优秀人才者掌握权力。

⑪以位势值可荐致之：由于举荐者有权力又正在寻找人才。

⑫宜十不一合：大概十个人里面找不到一个。

⑬妨夺：由于遇到妨碍而被迫改变。

⑭贡荐：推举，推荐。

⑮总猥：会合在一起。

译文

什么叫不能举荐贤能之人的困难呢？上等的人才已经很不容易辨别了，有的已经识别出来的人才在没有显达的时候，就失去了性命。有的已经辨别出来的人才还没有到被提拔任命的时候就与世长辞了。有的人才曲高和寡，无法被别人理解赏识。有的人才位卑力微，所说的不被信任。有的人才具备的才能不受当权者喜爱，不能被信任重视。有的识别贤才的人没有任命职位，不具备提拔推荐人才的权力。有的赏识人才的人虽然有职务在身，但受到压迫。因此优秀的人才遇到真正的赏识之人，一万人里面也难有一个。能够赏识人才的人在位掌权又具有权力，一百个人里也碰不到一个。有的人其英明足够辨认真正的人才，但因遇到妨碍而被迫改变，不想推荐人才。有的人喜欢推举人才，但不能分辨真正的人才。因此可以辨别人才和不能辨别人才的人，相互交杂混在一起。真正能够辨别人才的人，有不在位无法取得辨别举荐人才成效的忧虑。无法真正辨识人才的人，虽然身在其位却无法认识并任用人才。这就是所谓的不能举荐贤能之人的困难。因此说认识人才并取得成效，有两个难处。

释争第十二

盖善以不伐为大，贤以自矜为损。是故舜让于德[①]，而显义登闻[②]。汤降不迟[③]，而圣敬日跻[④]。郄至上人[⑤]，而抑下滋甚。王叔好争[⑥]，而终于出奔。然则卑让降下者，茂进之遂路也。矜奋侵陵者，毁塞之险途也。是以君子举不敢越仪准[⑦]，志不敢凌轨等，内勤己以自济[⑧]，外谦让以敬惧[⑨]。是以怨难不在于身，而荣福通于长久也。彼小人则不然，矜功伐能，好以陵人，是以在前者人害之，有功者人毁之，毁败者人幸之[⑩]。是故并辔争先[⑪]，而不能相夺[⑫]。两顿俱折[⑬]，而为后者所趋。由是论之，争让之途，其别明矣。

注释

①舜：传说中的上古帝王，名重华。因为品德高尚，被尧推举为继位人。

②显义登闻：发扬正义，上至于天。

③汤降不迟：商汤及时地从天而降。

④圣敬日跻 jī：其圣明使之得到的敬意日渐上升。跻，上升。

⑤郄 xì 至：又叫郤至，春秋时期的晋国大夫。在晋楚鄢陵之战中立功。之后因居功自傲被杀。

⑥王叔：春秋时期周王室王叔陈生。因为他的地位在伯、侯之下，一气之下弃官，出奔晋国。

⑦仪准：礼仪，规矩。

⑧内勤己以自济：加强内在的自我修养以完善自己。

⑨外谦让以敬惧：对外用敬惧的态度谦让他人。

⑩幸：这里是幸灾乐祸的意思。

⑪并辔 pèi：并驾齐驱。辔，指驾驭牲口的缰绳和嚼子。

⑫相夺：相互竞争，都想胜过对方。夺，胜利。

⑬两顿俱折：两方都受到挫折、困难。

译文

具备美好良善品格的人认为不自我炫耀是最崇高的，怀有贤良品性的人觉得骄傲自满会导致损害。因此虞舜谦让给有才德的人，他发扬的正义上至于上天。商汤禀受天命及时降临，他的圣明使其日益得到尊敬。郄至地位崇高，却对下边的人压抑得很厉害。王叔喜爱竞争，却最终出逃于他国。这表明自傲而侵凌压迫他人，是毁坏名声、阻碍前途的危险途径。因此君子的行径不敢超脱礼仪规矩，立志不敢超过正常的轨道，对内加强自我修养以完善自己，对外用敬惧的态度谦让他人。所以就不会招致怨愤非难，荣耀和幸福就会永久存在。而那些小人则不是这样。他们因立功而骄傲自大，因能干而自我夸耀，喜爱以此凌驾于他人之上，因此当处在人前的时候就会有人陷害他，立功的时候就会有人诽谤他，遭到挫败的时候就会有人幸灾乐祸。因此当小人们并驾齐驱、相互争先之时，彼此都无法战胜或压倒对方。当彼此都受到挫败之时，后面的人就会乘虚而入。由此来说，谦让和争夺这两种途径，差别是十分明显的。

然好胜之人，犹谓不然。以在前为速锐，以处后为留滞，以下众为卑屈[①]，以蹑等为异杰[②]，以让敌为回辱[③]，以陵上为高厉[④]。是故抗奋遂往[⑤]，不能自反也[⑥]。夫以抗遇贤，必见逊下[⑦]。以抗遇暴，必构敌难[⑧]。敌难既构，则是非之理必溷而难明[⑨]。溷而难明，则其与自毁何以异哉！且人之毁己，皆发怨憾而变生亹也[⑩]。必依托于事[⑪]，饰成端末。其余听者虽不尽信，犹半以为然也。己之校报[⑫]，亦又如之。终其所归，亦各有半，信著于远近也。然则交气疾争者，为易口而自毁也[⑬]。并辞竞说者[⑭]，为贷手以自殴[⑮]。为惑缪岂不甚哉！然原其所由，岂有躬自厚责，以致变讼者乎？皆由内恕不足，外望不已[⑯]。或怨彼轻我，或疾彼胜己。夫我薄而彼轻之，则由我曲而彼直也[⑰]。我贤而彼不知，则见轻非我咎也。若彼贤而处我前，则我德之未至也。若德钧而彼先我，则我德之近次也[⑱]。夫何怨哉！且两贤未别[⑲]，则能让者为隽矣。争隽未别，则用力者为惫矣[⑳]。是故蔺相如以回车决胜于廉颇[㉑]，寇恂以不斗取贤于贾复[㉒]。物势之反[㉓]，乃君子所谓道也。是故君子知屈之可以为伸，故含辱而不辞。知卑让之可以胜敌，故下之而不疑[24]。及其终极，乃转祸而为福，屈雠而为友[25]。使怨雠不延于后嗣，而美名宣于无穷。君子之道，岂不裕乎[26]！且君子能受纤微之小嫌，故无变斗之大讼。小人不能忍小忿之故，终有赫赫之败辱[27]。怨在微而下之，犹可以为谦德也。变在萌而争之[28]，则祸成而不救矣。是故陈馀以张耳之变[29]，卒受离身之害[30]；彭宠以朱浮之郄[31]，终有覆亡之祸。祸福之机，可不慎哉！

注释

①下众：处于众人之下。

②蹑等：超越同等之人。蹑，超过，胜出。

③回辱：回避屈辱。

④高厉：高超，崇高。

⑤抗奋遂往：不顾一切地重复以往的过错。抗奋，亦为亢奋。遂往，重复过往的错误。

⑥自反：自觉地返回。

⑦必见逊下：必定获得谦让。

⑧必构敌难：必定造成敌对指责。

⑨溷：浑浊，肮脏。

⑩变生亹 wěi：变故的征兆出现。

⑪必依托于事，饰成端末：必定会用一件事作为理由，掩饰其诽谤。

⑫校报：报复，回报。

⑬易口而自毁：改成用对方的口吻来自我诽谤。义

为骂人如骂己。

⑭并辞竞说：用各种言辞相互竞争。

⑮贷手以自殴：假借别人的手来殴打自己。义为打人如打己。

⑯外望不已：对外不停地埋怨他人。

⑰我曲而彼直：自己理亏，对方理直，理应受到对方的轻视。

⑱近次：接近，但又低一些。

⑲别：差距。

⑳惫：坏的，恶劣的。

㉑蔺相如：战国时期赵国的大臣，原为宦官门客。因被赵国国君重用，使廉颇不服。蔺相如以国家为重，多次退让。

㉒寇恂 xún：东汉初期上谷昌平（今北京昌平东南）人，字子翼，为刘秀偏将军。贾复：东汉初期南阳冠军（今河南邓州西北）人，字君文。在汝南时，他的部将杀人，被寇恂处置。贾复深以为耻。寇恂之后设法化解矛盾，巧妙地避免了与贾复的正面冲突。

㉓物势之反：表面上与实际上效果相反的行为举动。

㉔下之：甘拜下风。

㉕屈雠 chóu：使敌人屈服。

㉖裕：宽裕，宽容。

㉗赫赫：显著的样子，显赫盛大的样子。

㉘变在萌而争之：祸福变换在萌芽状态就进行竞争。

㉙陈馀：战国后期魏国大梁人，与张耳为莫逆之交。

㉚卒：最终，终于。离身：自身失败、后人灭亡。

㉛彭宠：西汉后期南阳宛（今河南南阳）人，字伯通。郄：通“隙”，猜疑，不满。

译文

可是争强好胜的人，却说不是这样。他们觉得位居他人之前是迅速锐利的象征，觉得位居他人之后是停滞不前的表现，觉得处在众人之下是代表了卑微屈服，觉得超越同等之人是英才异杰的象征，觉得谦让对方是逃避侮辱的象征，觉得凌驾于他人之上是崇高的象征。因此他们一如既往地重复过往的错失，没办法从过错中自觉回头。采取对抗的态度对待贤人，必定获得谦让。抱着对抗的态度对待急躁暴戾之人，必定会造成敌对毁谤。已经造成敌对诽谤，就会使是非的道理混沌、难以区分。是非之理混沌、难以区分，那么与自己诽谤自己有什么不同呢？他人诽谤自己，全都是因为怨愤之气爆发出来。诽谤之人必定会以一件事情作为理由，把诽谤的本质掩盖起来。其余的旁人虽然不会全都相信他们的理由，但还是会认为有一半是对的。自己对诽谤之人的报复，也像诽谤之人那样。归根结底，都会是一半可以相信，远近的人看到的、听到的都会去相信。这就是说气愤相互交错，斗争激烈，是用他人的口来自我诋毁。同样用言辞相互斗争，是借他人的手来打自己。这种行为岂不是太荒谬绝伦，让人费解了吗？然而追问这种行为发生的原因，难道深恶痛绝地责备自己的过失，能够引发这种变故争讼吗？全都是由于内在的宽恕之心不够，对外又不停地埋怨别人造成的。抑或是因为怨愤对方轻视自己，抑或是怨恨对方超过自己。如果自身浅薄而使他人轻视自己，这是自身理亏而他人理直。如果自身圣明贤能但他人不知道，那么被人轻视就并非是自己的过失了。如果对方贤明能干且位居自己之上，那么是因为自身的德行还没有达到。如果德行相若而对方位于自己之上，那么就是因为自身的德行与他人接近但稍微低一些。这样有什么可以怨愤的呢？而且两个人的贤明才能不分上下，那么能够谦让的就是优秀的人才。两个人争夺优秀却无法分出上下，则争夺时用力多的是劣等。因此蔺相如由于回车躲避廉颇的侮辱而更胜一筹，寇恂由于避免与贾复的斗争而获得贤良之名。行为的结果在表面情形与实际情况截然相异，这就是君子所谓的道理。因此君子知晓弯曲能够达到伸展的目的，所以含忍屈辱，不加推辞。他们懂得卑辞谦恭能够超过对方，所以不加迟疑地选择处于他人之下的位置。然而等到最后的结局，会变祸为福，将仇人折服变为朋友。仇恨不延及后代，但谦让的名声却能长久地流传下来。君子所谓的道理，不就是宽容忍让吗？而且君子能够忍受微小的猜疑，因此没有大的争斗。小人则不能够容忍微小的愤恨，终将导致极大的屈辱和失败。他人怨愤不大的时候遵从顺服，还能够显示谦虚的美好品德。祸福之变还在萌芽状态时就进行竞争，会造成无法挽救的祸害。因此陈馀因张耳的变节降汉而心怀报复，终于遭到自身败亡、后代灭绝的大祸；彭宠因与朱浮的矛盾，终于造成被杀的结局。知晓祸福转换发生的原因，能够不谨慎对待吗？

是故君子之求胜也，以推让为利锐，以自修为棚橹[①]，静则闭嘿泯之玄门[②]，动则由恭顺之通路[③]。是以战胜而争不形[④]，敌服而怨不构。若然者悔吝不存于声色[⑤]，夫何显争之有哉！彼显争者，必自以为贤人，而人以为险诐者[⑥]。实无险德，则无可毁之义。若信有险德，又何可与讼乎！险而与之讼，是柙兕而撄虎[⑦]，其可乎？怒而害人，亦必矣。《易》曰："险而违者讼。讼必有众起。"[⑧]《老子》曰："夫惟不争，故天下莫能与之争。"是故君子以争途之不可由也。

注释

①棚：用竹木搭成架子做成的简陋小屋，这里指城墙上御敌的城楼。橹：这里指大盾牌。

②嘿：同"默"，闭口不说话。泯：消失，灭绝。

③由：顺从，归属。

④争不形：不会形成竞争。

⑤悔吝：后悔。

⑥险诐 bì：又作"险陂"，阴险。

⑦柙兕 sì：把犀牛关到笼子里。撄 yīng 虎：接近老虎。撄，接近，迫近。

⑧险而违者讼，讼必有众起：言论险恶，行动有违常规，必定引起公众与之争论。

译文

因此君子赢得胜利的方式，是将推辞谦让作为利器。将自身修养作为防御的武器，静的时候就关闭沉静无为的大门，动的时候就顺从恭敬的通衢之路。因此他会获得胜利而不会产生竞争，使对手屈服而不会怨恨他。如果是这样则脸上不会产生懊悔之色，怎么会产生公开的竞争呢？那些征求显达的人，必定都自以为贤能，但别人却觉得是阴险邪僻的人。若他的确没有阴险邪僻的品行，就没有可以诋毁诽谤的地方。若他的确品行淫邪，又何必与之争辩呢？分明是阴险之人还与之争辩，就好似将犀牛关进笼子里，接近被逼迫到绝境的老虎一样，这怎么可以呢？如果是这样，他们就会迁怒祸害别人，这是必然的。《周易》里说："言辞险恶行为有违常理，必定会引起众人与他争辩。"《老子》里说："正是由于不与他人争辩，所以天下没有人能够与之相争。"因此，君子以为竞争的道路不可行呀。

是以越俗乘高[①]，独行于三等之上[②]。何谓三等？大无功而自矜，一等。有功而伐之，二等。功大而不伐，三等。愚而好胜，一等。贤而尚人，二等。贤而能让，三等。缓己急人[③]，一等。急己急人，二等。急己宽人，三等。凡此数者[4]，皆道之奇[5]，物之变也。三变而后得之，故人莫能及也。夫惟知道通变者[6]，然后能处之。是故孟之反以不伐[7]，获圣人之誉。管叔以辞赏[8]，受嘉重之赐[9]。夫岂诡遇以求之哉[10]？乃纯德自然之所合也。彼君子知自损之为益，故功一而美二[11]。小人不知自益之为损，故一伐而并失。由此论之，则不伐者，伐之也，不争者，争之也。让敌者，胜之也。下众者，上之也。君子诚能睹争途之名险，独乘高于玄路[12]，则光晖焕而日新[13]，德声伦于古人矣[14]。

注释

①越俗乘高：超越世俗，达到高处。

②独行：独自行动，不随世沉浮。

③缓己急人：对自己宽松，对别人严厉。

④凡此数者：凡是这几种人。

⑤道之奇：争与让的特殊表现。

⑥知道通变：通晓道理，知道变化。

⑦孟之反：春秋时期鲁国大夫，名侧，字反。

⑧管叔：西周初期人，亦称叔鲜。

⑨嘉重：更重的奖赏。

⑩诡遇以求：用不正当的手段获得。

⑪功一而美二：一件事情收到两种好的结果。

⑫玄路：脱离世俗，达到高远玄妙的境地。

⑬焕：大放光芒。

⑭伦：辈，类。

译文

因此要超越世俗达到高处，不随着世俗沉浮而处于三等之上。什么是人的三等呢？没有大功但自夸自大，是一等人。有功却自我炫耀，是二等人。功劳很大而不自我炫耀，是三等人。愚蠢而喜好争胜，是一等人。虽然贤能但自美其能，是二等人。既贤能又知谦让，是三等人。对自己宽松，对他人严厉，是一等人。对自己严厉，对他人也严厉，是二等人。对自己严厉，对他人宽松，是三等人。凡是这几等人，都是争与让道理的具体体现，反映出事物的变化。人必须经过这三等变化之后才能达到上等人的境界，所以不能常人所轻易实现的。只有通晓道理、知道变化，才能够处在上等的地位。因此孟之反由于不自夸，受到孔子的赞扬。管叔因为推掉赏赐，受到更重的奖赏。怎么能够说这些是利用不正当的手法去求得名誉呢？这就是纯正的道德从内心自然流露，又与争让变换的道理相吻合呀。君子懂得自我贬损的益处，所以能够做一件事而收到两种好的结果。小人不懂得自满会招致损失，因此会自我夸耀而失掉双倍的东西。由此来说，不自夸，却会受到夸赞。不争夺名利，却能收到争取到名利的成效。谦让对方，却能够超越他。处于大众之下，最终却能够站在众人之上。君子若是能够看到竞争途径的险恶，独自脱离世俗在玄妙高远的道路上行进，就会散发光芒、日新月异，品德、声名和古代的贤者相等同。

图书在版编目（CIP）数据

人物志译注 / 鹿群译注．—2 版．—上海：上海三联书店，2018.9
ISBN 978-7-5426-6332-0
Ⅰ．①人… Ⅱ．①鹿… Ⅲ．①人才学－中国－三国时代②《人物志》－译文③《人物志》－注释 Ⅳ．① C96-092

中国版本图书馆 CIP 数据核字（2018）第 130190 号

人物志译注

译　　注／鹿　群
责任编辑／程　力
特约编辑／张　莉
装帧设计／Metis 灵动视线
监　　制／姚　军
出版发行／上海三联书店
（201199）中国上海市都市路 4855 号 2 座 10 楼
邮购电话／021-22895557
印　　刷／北京旭丰源印刷技术有限公司
版　　次／2018 年 9 月第 2 版
印　　次／2018 年 9 月第 1 次印刷
开　　本／640×960　1/16
字　　数／58 千字
印　　张／9.5

ISBN 978-7-5426-6332-0/C·574

定　价：15.80元